Reihe Lerncoaching

Andreas Müller

# Eigentlich wäre Lernen geil

Wie Schule (auch) sein kann: alles ausser gewöhnlich

hep

Bildung
Medien
Kommunikation

www.hep-verlag.ch
der bildungsverlag

Andreas Müller
**Eigentlich wäre Lernen geil**
Wie Schule (auch) sein kann: alles ausser gewöhnlich
Reihe: Lerncoaching
ISBN 978-3-03905-225-7

Gestaltung, Umschlag: Wiggenhauser & Woodtli, Zürich

Bibliografische Information der Deutschen Bibliothek. Die Deutsche Bibliothek verzeichnet diese Publikation in der Deutschen Nationalbibliografie; detaillierte bibliografische Angaben sind im Internet unter http://dnb.ddb.de abrufbar.

1. Auflage 2006


h.e.p. verlag ag
Bildung.Medien.Kommunikation
Brunngasse 36
CH-3011 Bern

www.hep-verlag.ch

# Inhalt

# LernCoaching –
# eine andere Schule gestalten

**geil** (Jugendspr. auch für großartig, toll); [1]**Geile,** die; - (veraltet für Geilheit); [2]**Geile,** die; -, -n (Jägerspr., Hoden); **geilen; Geilheit,** die; -

Duden, 21. Ausgabe, 1996

Noch vor wenigen Jahren kriegte virtuell eins auf den Mund, wem „geil" über die Lippen rutschte. Denn so etwas sagte man nicht.
Mittlerweile hat das Wort von der Gasse aus längst die Salons und Teppichetagen erobert. Wer etwas toll findet, findet es geil.
Der Aufstieg von „geil" in Richtung höherer sprachlicher Weihen ist ein kleines Beispiel dafür, wie die Zeiten und Ansichten sich ändern. Der Wandel manifestiert sich selbst in den filigranen Verästelungen des täglichen Lebens. Eben beispielsweise in der sprachlichen Ausdrucksweise. Das heisst: Die vielfältigen und tief greifenden Veränderungen in Wirtschaft und Gesellschaft machen vor nichts Halt.
Teil dieser Gesellschaft ist auch die Schule. Auch sie muss sich deshalb schleunigst wandeln. Dabei reicht es nicht, Gutes einfach plötzlich geil zu finden. Die Veränderungen müssen weiter gehen. Und tiefer.
Das heisst: Die Schule muss ihre Gestalt in einer Weise verändern, dass es auch Grund gibt, schulisches Lernen geil zu finden. Denn sowohl die individualempirischen wie die offiziellen Daten zeigen: Die Begeisterung fürs Lernen nimmt mit zunehmender Schuldauer ab. Es wird ungeil.
Dabei wäre gerade das Gegenteil wichtig: Die Freude am Lernen müsste wachsen, müsste sich entfalten. Denn wer sein Leben erfolgreich gestalten will, muss lernen können. Und wollen. Und muss es geil finden.
Das wäre gar nicht so schwierig. Denn eigentlich wäre Lernen geil. Die Frage ist nur, was die Schule daraus gemacht hat. Welches Verständnis liegt dem zu Grunde, was in der Schule „lernen" genannt wird?
Die Lehrer spielen die Hauptrolle. Sie bilden eine geradezu symbiotische Einheit mit dem „Stoff". Sie sagen, was zu gehen hat. Und wie es zu gehen hat. Sie sagen, was gut ist. Und was schlecht.
Daneben kann es nur Statisten geben. Eine Rolle, die auf Dauer lediglich für sehr schülerhafte Schüler die Bretter dieser Welt bedeuten kann.

LernCoaching ist deshalb mehr als eine Methode. Viel mehr. Es ist eine grundsätzlich andere Betrachtungsweise dessen, was in der Schule „lernen" genannt wird. Und das führt zu einer ganz anderen Rollenverteilung. Zu einer anderen Lernkultur. Zu einer anderen Schule. Zu einer Schule, in der Lernen geil sein kann.

Andreas Müller

# 1

„Ich verhelfe ihm zum Erfolg, dafür bin ich da."

Darren Cahill
Coach von Andre Agassi

Der Mensch soll lernen,
nur die Ochsen büffeln. (Erich Kästner)

- Wer von Lernen spricht, meint zumeist „auswendig lernen".
- Schulisches Lernen ist ausgerichtet auf die Wiedergabe von „Stoff" an Prüfungen.
- Folge: Die Orientierung an äusseren Anforderungskriterien unterminiert das Verstehen.

## 1.1 Spuren lesen

Das Image von *Lernen* ist zwiespältig. Gelinde gesagt! Häufig ist es kombiniert mit Modalverben. Meistens mit „müssen". Selten mit „wollen". Und kaum je mit „können" oder „dürfen". Bei *schulischem Lernen* sinkt das Image noch ein paar Treppenstufen tiefer in den Keller.

Image lässt sich definieren als das, was bei der Nennung eines Begriffs an Gedanken und Emotionen hochkommt. Nimmt man diese Definition zum Massstab, dann heisst Lernen zuerst und vor allem: auswendig lernen. „Wenn man die Ursachen für die Probleme des Schullernens analysiert, stellt man wiederholt fest, dass in der Schultradition hartnäckig gewisse Auffassungen von Wissen und Lernen existieren, die vielfach zur heutigen wissenschaftlichen Denkweise in Widerspruch stehen." *(Lehtinen 1997)*

Die Schule hat ihre Tradition von Kanzel und Kasernenhof erfolgreich durch alle Stürme der Zeit retten können. Die Muster gleichen sich jedenfalls: Jemand steht vorne. Und dieser Jemand sagt, was Sache ist. Jene die hinten sitzen (oder stehen), harren mehr oder weniger geduldig der Dinge, die da kommen mögen. Dann werden sie in geschlossener Marschkolonne ins Manöver geführt. Oder in strenger Liturgie durch die Weihrauchnebel des Gottesdienstes.

### Wüste der Beliebigkeit

Die schulischen Aktivitätsmuster folgen zumeist dieser Tradition. Als Folge davon findet das, was fälschlicherweise Lernen genannt wird, in sehr engen Bahnen statt. In einem Mix von Marschkolonne und Liturgie steuert es auf einen Punkt am Horizont hin, den nur der Lehrer kennt. Wenn überhaupt. Und sonst endet es halt irgendwo in der Wüste der Beliebigkeit.

Handlungsleitend sind zwar offiziell die Lehrpläne. LEHRpläne. Ein Lehrplan ist die Sammlung von ganz wichtigen Dingen, die zu lehren sich ein Lehrer verpflichtet fühlen muss. Sie sind so wichtig, dass sie einer hohen Abstraktion bedürfen. Das wiederum bedarf dann der Interpretation. Und weil zu viele Dinge so ungemein wichtig sind, bedarf es dann auch eines sogenannten Mutes zur Lücke.

Im Klartext heisst das: Jeder Lehrer kann *plus ou moins* das tun, was er will. Oder was er denkt, was die Kollegen denken, was wichtig sei. Oder wofür es praktische Arbeitsblätter gibt. Oder was so wichtig klingt, dass es auch dem eigenen Ego ein bisschen schmeichelt. Das heisst weiter: Lehrpläne und die Aura der Erhabenheit, mit der sie offiziell umgeben werden, sind das eine. Ihre Umsetzung in den schulischen Alltag ist hingegen etwas ganz anderes. Und vor allem: Lehrpläne sind äusserst praktisch, wenn es darum geht zu begründen, weshalb etwas nicht geht.

### Geheime Lehrpläne

Nicht zu vergessen: Es gibt ja auch noch die inoffiziellen Lehrpläne. Das sind die Prüfungen, die sich irgendwo

am Horizont wie drohende Gewitterwolken vor die Sonne schieben und die Sicht verdunkeln. Die Sicht aufs eigentliche Lernen.
Prüfungen (und die Noten, die es dafür gibt) determinieren das Verhalten aller Beteiligten. Aller!
Zwar gibt es unzählige Formen und Varianten von Tests und Prüfungen. Drei Grundvarianten haben sich jedoch etabliert:
1.) Prüfungen innerhalb eines Klassenverbandes: Sie dienen der Selektion. Je schwieriger und komplizierter, desto selektiver ist die Sache. Desto mehr Verlierer sitzen in den Bänken. Und als desto „strenger" gilt der Lehrer. Das heisst: Prüfungen sind ein mehr oder weniger subtil inszeniertes Machtspiel. Macht erzeugt Ohnmacht (häufig). Oder Widerstand (zunehmend). Oder aufwandökonomische Bewältigungsstrategien wie Bulimie-Lernen und Bescheissen (sehr häufig). Das Ziel schulischen Lernens heisst deshalb meistens: Prüfungen einigermassen schadlos überstehen.
2.) Abschlussprüfungen: Die Lehrpersonen basteln aus dem „behandelten Stoff" einen Verschnitt. Die inszenierte Wichtigkeit hebt selbst das dürftigste Aufgabenblättchen in den pädagogischen Adelsstand. Ein anderer Aspekt: Zu viele Versager an Abschlussprüfungen werfen ein schlechtes Licht auf den Lehrer. Deshalb werden die Lernenden entsprechend gedrillt. Gesucht sind Wiederkäuer. Und die leitende Fragestellung heisst (bis weit in die Erwachsenenbildung hinein): Was kommt an der Prüfung?
3.) Externe Prüfungen: Nicht immer können die Lehrpersonen die Prüfungen für ihre Schüler bedürfnisgerecht zusammenschustern. Manchmal finden sie halt „draussen" statt (z.B. Aufnahmeprüfungen) oder kommen von dort (z.B. Vergleichstests). Aber auch dieses Problem lässt sich lösen. Schliesslich hat es in den Vorjahren schon Prüfungen gegeben. Die entsprechenden Aufgaben werden zu Bestsellern. Und das Büffeln kann beginnen. „Prüfungsvorbereitung" heisst das in der schulischen Sprachregelung.

> **Alles Denken ist Zurechtmachen.** (Christian Morgenstern)
>
> - Das Ziel schulischen Lernens muss heissen: Verstehen.
> - Verstehen meint: Informationen umwandeln in Bedeutung.
> - Neues wird an Vorhandenes angedockt. Das Ergebnis: Aha!

## Orientierung an Kommastellen

Dezidiert äussert sich Erno Lehtinen: „Den Schülern wird die generelle Auffassung vermittelt, dass das Ziel der Schularbeit darin besteht, sich, egal mit welchen Mitteln, um gute Noten und nicht um das Verstehen einer Sache zu bemühen." *(Lehtinen 1997)* Damit ist klar: Die äusseren Anforderungskriterien determinieren das schulische Denken und Handeln. Tue dies, dann kriegst du das. Der Schüler weiss: Ich brauche eine genügende Note. Wenn er aber gefragt wird, was das denn inhaltlich bedeute, was er gelernt haben werde, dann hat er nicht den Dunst vom Schimmer einer Ahnung. Und: Es ist ihm eigentlich auch Wurst. Denn es ist offensichtlich gar nicht relevant: Die Mutter fragt nach der Note. Der Grossvater will wissen, was er im Zeugnis habe. Der Bruder brüstet sich, weil er einen halben Punkt besser ist in Mathe. Die weiterführende Schule verlangt mindestens eine Viereinhalb im Durchschnitt. Wo man hinhört und hinschaut: Noten sind der Kompass auf dem Weg durch den schulischen Berechtigungsdschungel. Und diese Orientierung an Noten und Kommastellen verhindert eigentliches Lernen. Denn Noten sind meist inhaltsleer – eine Art Potemkin'scher Dörfer.

Eine Kulisse – und nichts dahinter. Denn eben: Kaum ein Lernender kann wirklich sagen, für welche Lernergebnisse eine bestimmte Note wirklich steht. Und die Lehrer wissen es auch erst, wenn sie die Punkte der Gauss'schen Kurve zugeordnet haben.

„Kulissenlernen“ bezeichnet deshalb Erno Lehtinen als typisch für die Schulsituation. „Schüler und Studenten haben effektive Strategien erworben, die es ihnen ermöglichen, die äusseren Anforderungssituationen der Schule zu bewältigen, ohne ein gründliches Verständnis der zu lernenden Inhalte erreicht zu haben.“ *(Lehtinen1997)* Kommt hinzu: Diese äusseren Anforderungssituationen werden zumeist nicht als Lern-, sondern als moralische Kontrolle wahrgenommen.

Ein Kernproblem ortet Erno Lehtinen deshalb im Umstand, „dass die traditionellen Konventionen, die der Sozialisations- und Selektionsfunktion der Schule gedient haben, als Folge der raschen Entwicklung der Gesellschaft heute in einen radikaleren Widerspruch mit derjenigen Aufgabe der Schule geraten sind, die mit dem Erwerb von Wissen und Handlungsfähigkeiten zusammenhängt, wie sie im Arbeitsleben und anderswo im sozialen und kulturellen Leben gebraucht werden.“ *(Lehtinen 1997)* Und Kurt Reusser doppelt nach: „Trotz permanenter Klagen über eine immer erdrückender werdende Stofffülle hat sich das Bild von Schule als einer Stoffvermittlungs- und Wissensanstalt bis in die jüngste Vergangenheit kaum wesentlich verändert.“ *(Reusser 1997)* „Halt, halt“, werden die Gralshüter des Systems einwenden: „So schlecht ist unser Schulsystem gar nicht.“ Stimmt. Aber reicht das? „Nicht so schlecht sein“, ist das der Massstab?

## Einer Spur folgen

Die Menschen der Frühzeit mussten in der Lage sein, Spuren zu deuten. Spuren führten zu einer Beute. Oder sie rieten zur Flucht. Wer Spuren lesen konnte, mehrte seine Chancen, auf der Sonnenseite des Lebens zu stehen. Daran hat sich eigentlich nichts geändert. Denn: „Einer Spur folgen“, dort liegen die etymologischen Wurzeln von

### Lernen

*Diese chinesischen Zeichen stehen für das Wort »Lernen«. Das erste Zeichen bedeutet »studieren«. Es setzt sich aus zwei Teilen zusammen: aus einem Symbol für »Wissen anhäufen« und einem darunter befindlichen Symbol für ein Kind auf einer Türschwelle.*

*Das zweite Zeichen bedeutet »ständiges Üben« und zeigt einen Vogel, der die Fähigkeit entwickelt, sein Nest zu verlassen. Das obere Bild symbolisiert das Fliegen; das untere Bild symbolisiert die Jugend. Im orientalischen Verständnis ist das Lernen ein fortlaufender Prozess. Zusammengenommen bedeuten »studieren« und »ständiges Üben«: Die Kunst der Selbstverbesserung.*

*Die Wurzeln des Wortes »Lernen« deuten darauf hin, dass es früher einmal eine ähnliche Bedeutung trug. Es geht auf das Indo-europäische leis zurück, ein Substantiv, das »Spur« oder »Furche« bedeutet. Später verstand man dann unter »lernen«, dass man an Erfahrung gewinnt, indem man – wahrscheinlich ein Leben lang – eine Spur verfolgt.*

Aus: Serge, Peter M. e.a.: Das Fieldbook zur Fünften Disziplin. Klett-Cotta. Stuttgart. 1997

„Lernen“.
Das heisst: Dem „Lernen“ wurde Nutzen und Sinn zugeordnet. So gesehen ist menschliches Lernen geleitet von der Suche nach Sinn. Und tatsächlich: Menschen tun (und lernen) ausschliesslich das, was für sie Sinn macht. Und wenn es sich lohnt, auswendig zu lernen, dann lernt man eben auswendig. Zum Zwecke der Wiedergabe an Proben und Prüfungen.
Aber eigentlich ginge es ja darum, einer Spur zu folgen. Zu verstehen! Verstehen heisst: Informationen – Spuren eben – umzuwandeln in Sinn und Bedeutung. Verstehend Lernende kopieren also nicht. Sie kapieren.
Es wird nicht gelernt, was gelehrt wird. „Wissen“ kann nicht vermittelt werden. Schulische oder andere Inhalte lassen sich nicht vom einen Menschen auf den anderen übertragen. Lernen ist ein Konstruktionsprozess. Wer versteht, gestaltet aktiv. Diese Konstruktionsprozesse werden gesteuert von emotionalen Faktoren. Das limbische System spielt dabei eine Schlüsselrolle. Es ist dafür verantwortlich, dass es reine „Sachen“ im Prinzip gar nicht gibt. Das heisst: Verstehen zeichnet sich durch eine hohe emotionale Qualität aus. Emotionen sind das, was man spürt. „Spüren“ steht seit dem 18. Jahrhundert für „empfinden, fühlen“. Vorher hiess es „eine Spur suchen und ihr folgen“...
Spuren sind Eindrücke. Und Eindrücke hinterlassen Spuren.

**Viel lesen und nicht durchschauen ist viel essen und nicht verdauen.** (Sprichwort)

- Wissen" wird im Gehirn jedes Lernenden stets neu konstruiert.
- Diese Konstruktionsprozesse werden gesteuert von emotionalen Faktoren.
- Lernen findet nur statt, wenn das Gehirn sich einen Gewinn verspricht.

Verstehen geht immer über das bisher Verstandene hinaus. (Thomas Bernhard Seiler)

- Wer versteht, generiert – stets neu – Sinn und Bedeutung.
- Folge: Lernende gestalten aktiv. Sie kopieren nicht – sie kapieren.
- Lernen und verstehen heisst folglich: Aus etwas Fremdem etwas Eigenes machen.

## 1.2 Den Erfolg organisieren

Vor dem Hintergrund des Feilschens um Stundenverteilungen und andere Interessen könnte man meinen, die Schule diene den Lehrpersonen und der Bildungsbürokratie. Doch eigentlich ist es anders gedacht: Die Schule ist für die Lernenden da! So banal das prima vista auch klingen mag: Um sie geht es!

Schulen sind Orte, wo Schülerinnen und Schüler den Spuren zur „Welt" sollten folgen können. Oder eben: Wo sie sollten verstehen lernen. Und da sie das quasi hauptberuflich tun, sollten sie dabei und dafür eine entsprechende Professionalität aufbauen und kultivieren.

Diese Professionalität entwickelt sich aus dem wechselwirksamen Zusammenspiel von Wissen, Können und Wollen. Oder neudeutscher und ein bisschen präziser: *Knowledge, Skills* und *Attitude.*

- Unter Wissen ist all das zu verstehen, was den Menschen hilft, die Wahrnehmung bewusst gestalten, die Dinge einordnen und sie Sinn stiftender Bedeutung zuführen zu können. Wissen, dahinter verstecken sich keine toten Lagerbestände aus sinnleeren „Stoff"-Hülsen. Wissen ist vielmehr etwas Lebendiges, etwas Dynamisches. Und es gibt Antwort auf die Frage: Was hat das mit mir zu tun?
- Wer zu Wissen kommen, wer es erweitern und vertiefen will, braucht entsprechende Fähigkeiten. Gewusst wie, heisst die Devise. Lernen, Verstehen, Bedeutung generieren, das ist Arbeit. Wer die passenden Werkzeuge kennt und sie richtig einzusetzen weiss, hat leichteres Spiel. Je vielfältiger das Methodenrepertoire, desto mehr Handlungsoptionen bieten sich an. Das macht das Lernen wirkungsvoller. Und abwechslungsreicher. Und spannender.
- Eigentlicher Dreh- und Angelpunkt sind Haltungen und Einstellungen. Wer mit einer Zwanzig-nach-Acht-Birne zur Arbeit erscheint, wird Mühe haben. Und Mühe machen. (Lern)Erfolg ist keine Konsumgut. Wer lernen, wer verstehen will, muss in irgendeiner Weise etwas tun dafür. Selber! Nicht die anderen. Das heisst: Man muss sich verantwortlich fühlen. Und die Sache der Sache wegen tun, nicht um Belohnungen zu erhalten oder Strafen zu vermeiden. Das zeigt sich auch in den Beziehungen zu sich selbst, zu anderen Menschen, zu den Dingen, um die es geht. Sich nützlich zu machen ist eine Form davon.

### Anschluss nicht Abschluss

*All I really need to know I learned in Kindergarten.* Der Titel des Buches von Robert Fulghum (1994) liefert einen Hinweis darauf: Lernen passiert zuerst und vor allem auf den untersten Alters- und Hierarchiestufen des Schulsystems. Dort steht die lustvolle Auseinandersetzung mit der Welt (noch) im Zentrum der Aktivitäten. Mit zunehmender Schuldauer nimmt der Enthusiasmus ab. Dinge werden „behandelt" oder „durchgenommen" oder „erledigt“. Und wer die Aufgaben systemkonform „erledigt“, kriegt einen „guten Abschluss“.

Doch just das darf nicht das Ziel sein. Vielmehr geht es darum, das alte Spurenlesen – das Spüren – quasi neu zu entdecken. Und der Erfolg schulischen Lernens zeigt sich dann im gelingenden Anschluss an relevante Lebenssituationen.

Wissen, Fertigkeiten und Einstellungen sind dabei Faktoren, die sich gegenseitig ergänzen. Die Wirkung entwickelt sich aus der Qualität ihres Zusammenspiels.

Dieser aktive und dynamische Gestaltungsprozess ist nicht einfach darauf ausgerichtet, Wissen zu generieren. Auch natürlich. Aber eben nicht nur. Wer Fussball spielen will, muss zwar etwas wissen über diesen Sport. Aber damit gewinnt man auf dem Spielfeld keinen Blumentopf.

Man muss etwas mit dem Ball anfangen, man muss spielen können. Je variantenreicher, umso besser. Lernen zielt deshalb auch darauf ab, Fähigkeiten und Fertigkeiten (learning skills) aufzubauen und weiterzuentwickeln.

Und schliesslich gilt es, das Lernen so zu gestalten, dass es sich positiv auf Haltungen und Einstellungen auswirkt. Es ist die Einstellung, die den Fussballspieler erkennen lässt, dass es nicht reicht, die teuersten Stollenschuhe zu kaufen und ein bisschen Pomade ins Haar zu streichen. Und es ist die Einstellung, die ihm die Energie liefert, auch bei trübem Wetter seine Kondition zu verbessern, dieweil andere sich vor der Glotze oder vor dem Bier breit machen.

Sei es im Sport, im Beruf, in Beziehungen oder in der Schule – das wechselwirksame Zusammenspiel von Wissen, Können und Wollen erhöht die Wahrscheinlichkeit des Gelingens. Und genau das ist erklärtes Ziel generierenden Lernens. *(Müller 2004)*

Generieren heisst: etwas erzeugen. Etwas erschaffen und entwickeln. Generierendes Lernen versteht sich deshalb als aktiver und dynamischer Gestaltungsprozess. Dieser Prozess wird systematisch auf Ziele und Ergebnisse hingesteuert. Denn eben: Es geht darum, etwas zu erzeugen, nicht statisch, sondern emergent. Die Dynamik entwickelt sich aus dem Spannungsfeld von Antizipation, Partizipation und Reflexion.

**Es wird nicht gelernt, was gelehrt wird.**

- FRAGE: Was ist die Aufgabe von Schülerinnen und Schülern?
- ANTWORT: *Lernen!*
- Das heisst:
  Sie sind *Lernende* von Beruf.

## ANTIZIPATION: Wahrscheinlichkeit erhöhen

Ein Ziel zu haben ist ein erfolgsrelevanter Faktor. Das heisst: Lernende müssen zuerst einmal Vorstellungen entwickeln, wohin die Reise überhaupt führen soll. Sie müssen lernen, sich zu orientieren. Sie müssen innere Bilder gestalten, sie müssen lernen, Ziele zu formulieren und sie müssen lernen, proaktiv zu denken und zu handeln. Kurz: Sie müssen lernen zu antizipieren.

Die Schule ist nach wie vor ein adaptives System. Wenn es einen radikalen Adaptivismus gäbe, wäre die Schule das Paradebeispiel dafür. Denn: Die Lernenden harren der Dinge, die da kommen mögen. Und Aufgabe der Lehrperson ist es dann, das passive Abwarten in zielführendes Handeln zu verwandeln. Das braucht viel Anschubenergie. Immer und immer wieder. Das ermüdet. Und es birgt ein Konfliktpotenzial. Doch die im Laufe von Generationen kultivierten Schulgene – zum Beispiel das So-tun-als-ob-Gen – verhinderten bislang, dass die tradierten

> Ich habe keine besondere Begabung.
> Ich bin nur besonders neugierig. (Albert Einstein)

- Wann ist ein Lernender ein guter Lernender?
  - Oder ein Gärtner ein guter Gärtner?
  - Oder eine Zahnärztin eine gute Zahnärztin?
- Professionalität entwickelt sich aus dem Zusammenspiel von
  - Wissen (knowledge)
  - Fähigkeiten/Fertigkeiten (skills)
  - Haltungen/Einstellungen (attitude)

Systemkonformitäten allzu arg strapaziert wurden.

Aber eben, die Zeiten – und mit ihnen die Anforderungen – ändern sich. Eine Art schulische Genmanipulation steht deshalb an: weg vom adaptiven hin zum antizipativen Verhalten. Damit sind natürlich nicht die sattsam bekannten Floskeln im Stile von „ich gebe mir jetzt mehr Mühe im Französisch" gemeint. Das ist Quatsch. Denn was heisst schon „mehr Mühe"? Oder „Französisch"? Das sind Floskeln, die bestenfalls leidgeprüfte Lehrer- oder Eltern-Gemüter kurzzeitig zu beruhigen vermögen. Nein, antizipatives Lernverhalten basiert auf klaren Zielvorstellungen. Im Prinzip sind diese Vorstellungen nichts anderes als gedanklich vorweggenommene Ergebnisse. Sie setzen sich zusammen aus inneren Bildern. Ein innerer Film läuft ab. Je detaillierter der Film, desto einfacher die Umsetzung in die Tat. Denn mit den Bildern verbinden sich Emotionen. Vorstellungen erzeugen Gefühle. Lernen wird zu einer persönlichen Angelegenheit.

„Wer den Hafen nicht kennt, für den ist kein Wind der richtige", hat Seneca schon vor zweitausend Jahren festgehalten. Er hat damit wohl nicht die Schule gemeint. Aber es passt. Und bedeutet: Lernarrangements sind so zu gestalten, dass sie ein antizipatives Verhalten fordern und fördern. Die Erfolgswahrscheinlichkeit steigt in dem Masse, in dem die Lernenden in der Lage sind, sich ein inneres Drehbuch zu gestalten von dem, was entstehen soll. Und wie es entstehen soll. WYSIWYG heisst die passende Abkürzung für *„what you see is what you get"*. Denn ohne einigermassen klare Vorstellungen führt der Zufall die Regie. Oder die „Anderen" tun es.

## Morgen beginnt heute

Ob sich jemand einer Aufgabe zuwendet, entscheidet sich in Sekundenbruchteilen. Eine Art inneres Stellwerk steuert nach einem unbewusst ablaufenden Kosten-Nutzen-Modell das Verhalten. Es orientiert sich an der Frage: In welchem Verhältnis steht der mutmassliche Aufwand zum erwarteten Ertrag? Diese Frage lässt sich nur individuell vor dem biografischen Hintergrund beantworten.

Beispiel: Der Blick auf einen langen (auch hier: „lang" ist eine individuelle Empfindung) Text verheisst auf den ersten Blick viel Arbeit. Und ebenfalls auf den ersten Blick ist zu erkennen: Der Text über den „Bau von Pipelines in Kasachstan" enthält viele Zahlen und schwierige Wörter. Das sieht nicht einfach nach Arbeit aus. Das sieht nach viel Arbeit aus. Das heisst: Damit sich jemand diesem Text zuwendet, muss der zu erwartende Nutzen grösser sein als der vermutete Aufwand. Und das ist keine rationale Angelegenheit. Die unbewussten Entscheidungsprozesse laufen emotionell ab.

Wir funktionieren unbewusst antizipativ. Unser Gehirn lernt nur, wenn es einen Gewinn, einen Nutzen, einen Sinn erkennen kann. Ziel muss es deshalb sein, die Antizipation ein bisschen bewusster zu gestalten und das limbische System entsprechend mit Nahrung zu versorgen.

Antizipatives Verhalten schliesst in einem hohen Masse die Realisierung mit

ein. Es geht nicht darum, irgendwelche Ziele zu formulieren, die dann irgendeinmal umgesetzt werden. Wer sich antizipativ verhält, hat sich bereits auf den Weg gemacht. Ziele sind so gesehen bereits integraler Teil der Arbeit. Sie sind gleichsam Orientierungspunkte in den Verstehensprozessen. Menschen brauchen Orientierung. Der Schule fällt deshalb die Aufgabe zu, den Lernenden Orientierung zu bieten (in einer Lebensphase und in einer Gesellschaft, in der es zunehmend schwierig ist, sich zu orientieren). Wem die Orientierung fehlt, fehlt zumeist auch der Sinn. Was dann getan wird, ist entsprechend sinnentleert. Lernende mit Orientierungsschwierigkeiten sind entweder systemkompatibel (ruhig, nur nicht auffallen, so tun als ob, ...) oder sie sind „schwierig". Die so genannt Schwierigen tun dann „nichts" oder sie tun „blöd". Das sind die, von denen man sagt, sie könnten, wenn sie wollten ... Das heisst: Orientierungsschwierigkeiten – und auch die sind unbewusst – führen dazu, dass Lernende die Zeit entweder sozialverträglich aussitzen oder – was wahrscheinlicher ist – in irgendeiner Weise störend wirken.
Das Verhalten im Unterricht beginnt nicht erst, wenn die Glocke läutet. Eine inhaltlich-emotionale Orientierung nimmt ihren Anfang schon weit vor der Schulzimmertür. Je klarer und positiver die Vorstellungen sind, mit denen Lernende in schulische Settings hineingehen, desto höher ist die Einstiegs- und Gelingenswahrscheinlichkeit. Denn Orientierung schafft (auch) Sicherheit. Und Sicherheit ist eine emotionale Homebase für gelingendes Arbeiten.

Sicherheit heisst auch: Wir brauchen schon im Vorfeld das Gefühl der Machbarkeit. Denn eben: Unser Gehirn tut nur, was einen Gewinn in Aussicht stellt. Ein „Gewinn" kann natürlich je nach biografischem Gedächtnis auch darin bestehen, etwas nicht zu tun.

## Am wichtigsten ist die Einstellung – die Seele macht den Sieger.

- Wissen (knowledge)
  - Intelligentes Wissen
  - Anwendungsfähiges Wissen
- Fertigkeiten (skills)
  - Methodische Fertigkeiten (learning skills)
  - Anpassungsfähigkeit (life skills)
- Haltungen/Einstellungen (attitude)
  - Leistungsfreude (ein bisschen mehr ...)
  - Zuständigkeit (commitments)

Zum Beispiel, weil „Schwieriges" sowieso nie gelingt.
Deshalb: Lernende brauchen schon im Vorfeld das Gefühl der Machbarkeit. Dieses Gefühl ist nicht nur abhängig von der Person. Es ist noch komplizierter: Es hängt zusätzlich davon ab, in welchem Kontext sich die Person befindet, mit welchen Menschen sie es zu tun hat. Lösen diese Menschen (zum Beispiel der Lehrer) tendenziell Angst aus? Sind sie zu wenig klar und schaffen Unsicherheit? Weiss man nicht, woran man ist? Das Gefühl der Machbarkeit würde dann beeinträchtigt durch Gefühle wie „da komme ich sowieso nicht draus" oder „das ist immer so langweilig" oder ...
Das Gefühl der Machbarkeit entwickelt sich aus drei Variablen:

KLÄREN: Was Lernenden nicht klar ist, kann nicht entstehen. Also: *Ahead to basics*. Gefragt ist Orientierung. Um was geht es genau? Wo kann ich das einordnen? Was kann und soll das Ergebnis sein? Unter welchen Bedingungen? 1.

ERWARTEN: Wer das Gefühl hat, „das kann ich sowieso nicht", wird genau dieses Resultat erhalten. Das heisst: Der nächste Schritt muss in hohem Masse erfolgswahrscheinlich sein. Und damit der individuellen Situation angemessen, jenseits von Angst und Langeweile. Die Faustregel heisst wohl: 2.

**Wer wagt, selbst zu denken, der wird auch selbst handeln.** (Bettina von Arnim)

- Ziel: Anschlussfähigkeit – gelingender Anschluss an relevante Lebenssituationen
- Anschlussfähigkeit versteht sich als ein Synonym für Erfolg
- Nötig: erfolgreiches Zusammenspiel von Wissen, Fertigkeiten und Einstellungen

Der nächste Schritt ist meist kleiner, als man denkt.

ERFAHREN: Gewinnen beginnt mit Beginnen. Damit ein Prozess in Gang kommt, braucht es *Easy Wins*. Es braucht gute Gefühle. Ein solches kann schon durch den Klärungsprozess entstehen: „Aha! Jetzt weiss ich, wie das geht!" Gute Gefühle entwickeln sich durchs Tun. Nicht erst in einem Jahr. Oder später „im Leben". Jetzt! Der Prozess entwickelt sich deshalb entlang den „*Wins*". Sie liefern die Bestätigung. Und entweder führen die – individuell wahrgenommenen – „*Wins*" zu einem erwünschten Ziel. Oder eben zu einem anderen.

**Investment**

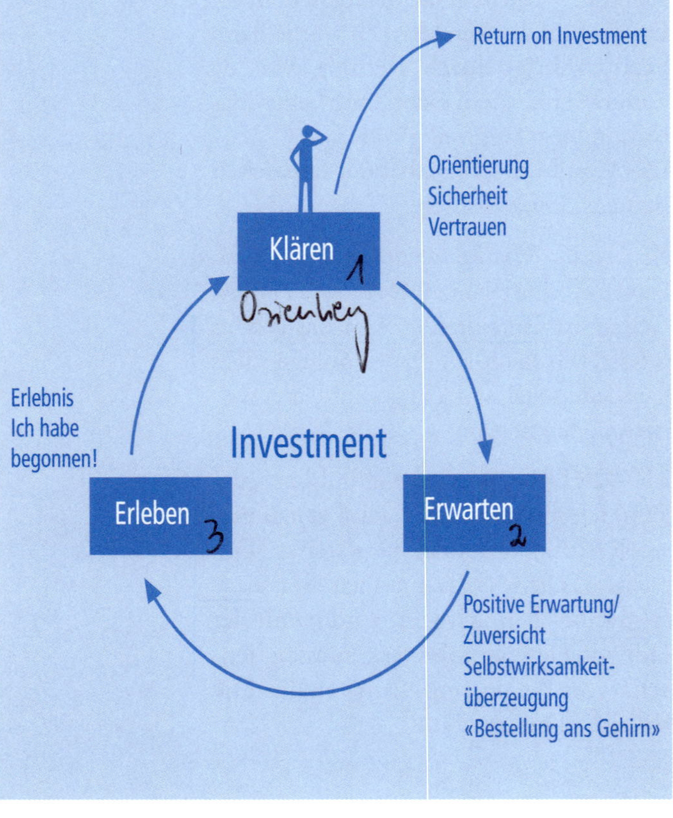


## PARTIZIPATION: Beteiligt statt betroffen

Marjonetten sind Figuren, die sich bewegen. Aber sie spielen dem Publikum ein Theater vor. Denn sie tun nur so, als würden sie handeln. Sie hängen an Fäden. Und jemand zieht daran. Sie sind ausgeliefert. Und das ist just das Gegenteil von Selbstwirksamkeit, der Überzeugung, aus eigener Kompetenz Herausforderungen bewältigen zu können. Selbstwirksamkeit kann man lernen. Hilflosigkeit auch. Übrigens: Es gibt Marjonettentheater, die auf den ersten Blick nicht als solche erkennbar sind. Denn es gibt auch unsichtbare Fäden.

Wer eine Vorstellung entwickelt hat von dem, was sich zutragen soll, nimmt die Fäden in die Hand. Und wer die Fäden selber in der Hand hat, bestimmt sein eigenes Leben entscheidend mit. Gleiches gilt ohne Abstriche für das Lernen. Auch und gerade für das schulische. Das heisst: Lernende müssen sich beteiligt fühlen. Als Teil der Lösung. Nicht betroffen. Und nicht als Teil des Problems.

Damit ist klar: Lernen gestaltet sich Erfolg versprechender in einem partizipativen System. Denn Partner fühlen sich beteiligt. Und mitverantwortlich.

## Ermöglichungsstrukturen fördern Beteiligung

Die Partizipation lässt sich gliedern in die Beteiligung *bei* der Arbeit und die Beteiligung *an* der Arbeit.

Beteiligung bei der Arbeit heisst: innere Präsenz. Und innere Präsenz entsteht eben nicht erst mit dem Glockenzeichen. Innere Präsenz ist zuerst einmal eine Frage der Disposition. Mit welchen Haltungen, Einstellungen, Erwartungen kommen die Lernenden daher? Bauen sie Erwartungen, Widerstände auf? Aggressionen gar? Oder ist Langeweile angesagt? Oder richten sich die Lernenden auf behagliches Nichtstun ein? Hängen sie lustlos in den Seilen? Oder aber: Kommen sie mit eigenen Fragen daher? Freuen sie sich darauf, sich mit spannenden Dingen auseinander zu setzen? Wollen sie ihre inhaltlichen Ziele erreichen? Mit anderen Worten: Antizipatives Denken und Handeln verleiht, wenn nicht gerade Flügel, doch immerhin Schwung.
Diesen Schwung gilt es aufzunehmen und zu fördern. Innere Präsenz entwickelt sich aus der Art und Weise, wie die Arbeit gestaltet wird. Beziehungsweise: gestaltet werden kann. Und da gibt es eben Methoden und Arrangements, die innere Präsenz, aktives Dabeisein eher fördern. Oder behindern. Eine zentrale Frage in diesem Kontext: Bei wem liegt der Aktivitätsschwerpunkt?
Denn klar: Je aktiver Lernende die Auseinandersetzungs- und Verstehensprozesse gestalten, desto präsenter werden sie sein. Desto beteiligter werden sie sich fühlen. Und desto intensiver werden sie die Zeit nutzen. Denn schliesslich: Auf die Dauer nützt nur Power.
Nicht ganz unerheblich für ein aktives Engagement der Lernenden ist die Frage, wie weit sie selber *an* der Arbeit beteiligt sind. Das heisst: Haben die Lernenden Einfluss auf die thematische Gestaltung? Bietet sich die Möglichkeit, individuelle relevante Akzente zu setzen? Können sie Arbeitstempo, Vorgehensweisen, Kooperationsformen ihren Bedürfnissen anpassen?

Partizipation braucht Optionen. Und Lernen braucht Raum. Wenn das Korsett zu eng geschnürt ist, leidet die Lust, sich zu bewegen.

**Enthusiasmus ist das schönste Wort auf Erden.** (Christian Morgenstern)

- Generiert werden sollen also Wissen und Fertigkeiten. Und eben: Einstellungen.
- Denn Lernen muss Sinn stiftend und erfolgreich sein.
- Erfolgreiches Lernen ist generierendes Lernen.

### REFLEXION: Erkenntnisse ummünzen in Strategien

Lernen ist nicht nur ein Ort, wo man ankommt. Lernen ist auch und vor allem eine Art zu reisen.
Reisen – soll es nicht einfach eine Fahrt ins Blaue sein – bedarf erst einmal der

**Nachhaltiges Lernen**

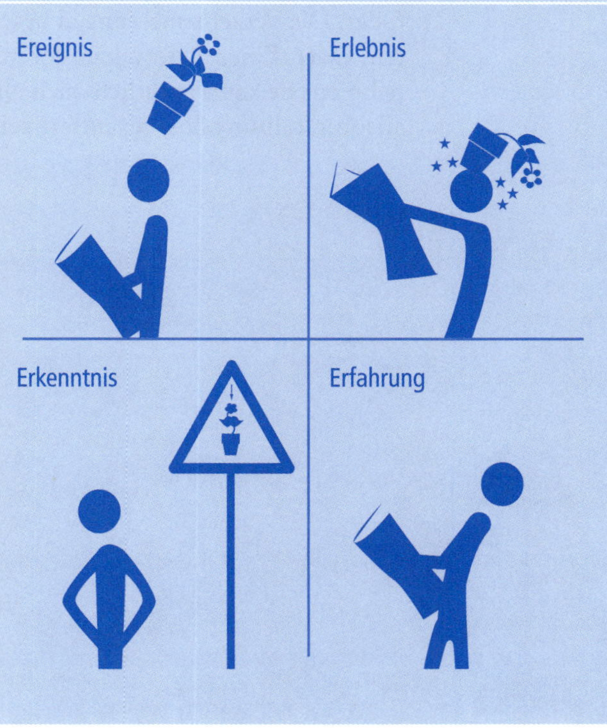

## Inwendig denken ist besser als auswendig lernen. (Klaus Klages)

- Generieren heisst: etwas erzeugen, etwas entwickeln und erschaffen.
- Generierendes Lernen ist ein aktiver und dynamischer Gestaltungsprozess.
- Die Dynamik entwickelt sich aus Antizipation, Partizipation und Reflexion.

Orientierung. Wer eine Reise unternimmt, macht sich normalerweise Gedanken zur Route. Unterwegs erfolgt mehr oder weniger dauernd der Vergleich mit dem erwarteten Verlauf. *Checks and Balances* heisst in Neudeutsch, was allenfalls zu grösseren oder kleineren Korrekturen des Reiseprogrammes führen kann. Die entsprechenden Erkenntnisse und Erfahrungen bleiben meist nicht ohne Auswirkungen auf zukünftiges Verhalten. Nächstes Mal muss ich rechtzeitig die Fähre reservieren. Oder: Die Abreise auf einen anderen Zeitpunkt verlegen. Oder: Die Verkehrsmeldungen beachten. Oder: Einen Reservekanister mitnehmen. Es kann natürlich auch alles absolut reibungslos verlaufen sein. Auch das ist eine Erfahrung.

Wenn einer eine Reise tut, dann kann er was erleben. Eine Reise setzt sich zusammen aus einer Unmenge von einzelnen Ereignissen. Ob diese Ereignisse überhaupt wahrgenommen werden und welche Erlebnisse daraus entstehen, hängt unter anderem von der situativen Befindlichkeit und dem biografischen Hintergrund des Reisenden ab. Mit diesen Erlebnissen lässt sich etwas anfangen. Sie können zu Erkenntnissen werden. Reflexion nennt sich das, was Erlebnisse einer gedanklichen Ordnung zuführt. Und was die Voraussetzung schafft, daraus Strategien für zukünftiges Handeln zu entwickeln.

Generierendes, zielführendes Lernen ist nach ähnlichen Mustern organisiert. Lernergebnisse und ihr Zustandekommen bilden die Basis zum Weiterlernen. Bedingung: Lernende sind fähig und willens, das, was sie unternommen oder unterlassen haben, konstruktiv zu reflektieren, Schlüsse zu ziehen – und die Ärmel hochzukrempeln.

Reflektieren bedeutet im schulischen Kontext auch, Vergleiche anstellen zu können. Und eben: Nicht Vergleiche mit sinnleeren Zahlen („Ich muss eine Fünf haben"), sondern mit konkreten Inhalten. Das heisst: Er braucht einen Orientierungsrahmen. Er muss die

## Kompetenzraster

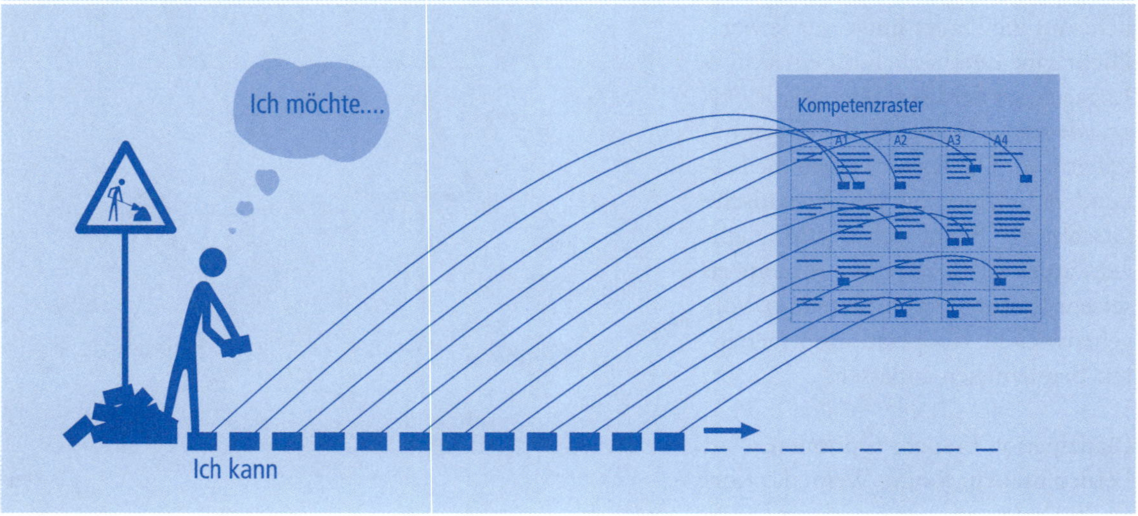

Möglichkeit haben, Leistungen in Beziehung zu bringen mit Referenzwerten. Er muss wissen, was er wissen und können kann um „gut“ zu sein oder „besser“ zu werden. Ein Beispiel für solche Referenzwerte: Kompetenzraster. Sie schaffen einen inhaltlichen Orientierungsrahmen.

Man muss den Tiger hören. Wenn man ihn sieht, ist es zu spät. (Indisches Sprichwort)

- Antizipation
  - Sich orientieren, proaktiv denken und handeln
  - Klare Ziele, Vorstellungen, innere Bilder
  - Nächster kleiner Schritt (next practice)
- Partizipation
  - Beteiligt *bei* der Arbeit (innere Präsenz)
  - Beteiligt *an* der Arbeit (was? wie?)
  - Zeitinvestition (Time on Task)
- Reflexion
  - Referenzwerte/Orientierung (was?)
  - Strategien (gewusst wie?)
  - Erfolgsbilanz (Ich kann etwas!)

## Gewusst wie heisst die Devise

Ergebnisse fallen nicht mit dem Schnee vom Himmel. Man muss etwas tun dafür. Die Frage ist: Wie wird etwas getan? Und: Mit welcher Einstellung? Das heisst: Was *heraus*kommt ist abhängig von der Art und Weise, wie es *zustande* kommt.

Das Ziel ist damit klar: ein vielfältiges und wirkungsvolles Strategie- und Methodenrepertoire. Effektiv und effizient, aber auch kreativ und lustbetont. Gewusst wie, heisst die Devise. Sich das Zustandekommen von Ergebnissen bewusst machen (Wie bin ich vorgegangen? Wie habe ich mich dabei gefühlt?) ist ein Schritt in diese Richtung. Das verlangt nach Vergleichsmöglichkeiten: Wie könnte ich es besser machen? Wie machen es andere? Kein methodi-

## Generierendes Lernen

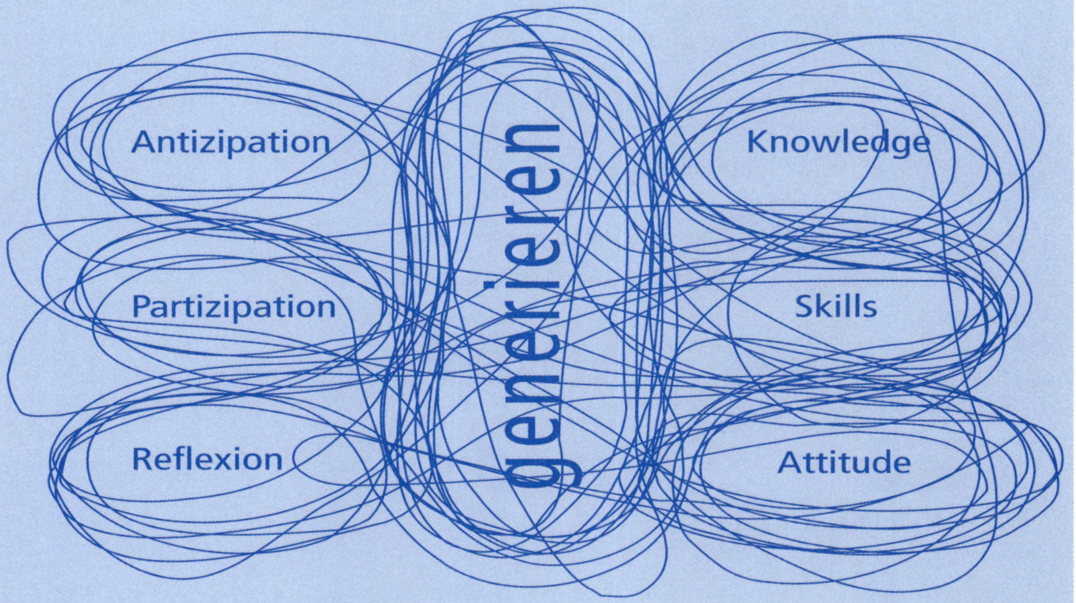

scher Einheitsbrei also, sondern ein Denken und Handeln in Optionen, in mehreren Möglichkeiten und mehreren Lösungen.

Reflektieren definiert sich als nachdenken über das, was sich zugetragen hat. Das Denken kann grundsätzlich in zwei Richtungen gehen. Man kann den Misserfolg, das Scheitern fokussieren, sich vor allem mit dem befassen, was in die Hose gegangen ist. Man kann aber auch der Logik des Gelingens folgen, den Blick auf die erfolgreich erlebten Situationen richten. Wer den Erfolg ins Visier nimmt, nimmt die Welt entsprechend wahr. Und wer diese Erfolge formuliert, lässt die dazu gehörenden Gefühle noch einmal entstehen. *„Replay the memory, and you replay the feeling. Replay the feeling and you've created a resourceful state of mind"*, sagt ein englisches Sprichwort. Die Gedanken prägen das Bild, das wir uns von uns und der Welt machen. Der Erfolgsfokus wirkt prägend auf das Selbstbild und damit letztlich auf das Selbstkonzept. Klar: Die Erfahrungen des „Ich-kann-es" stärken das Vertrauen in die eigenen Fähigkeiten. Selbstwirksamkeit heisst das Stichwort. *„Self efficacy is the belief in one's capabilities to organize and execute the sources of action required to manage prospective situations"*, definiert Albert Bandura den Glauben an sich und seine Fähigkeiten, der uns motiviert, Herausforderungen zuversichtlich anzunehmen. *(Bandura 1997)*

Reflexion versteht sich zwar auf der einen Seite als Blick zurück. Aber gleichzeitig und in erster Linie geht es darum, Erkenntnisse zu gewinnen für den Blick in die Zukunft. Damit ist gesagt: Antizipation, Partizipation und Reflexion sind die Elemente eines Rückkoppelungs-Kreislaufes. Die Elemente beeinflussen sich gegenseitig. Sie sind integral miteinander verbunden. Oder um es mit Kästner zu formulieren: Der Kreislauf tut nur seine Pflicht, so lang er kreist, sonst tut er's nicht.

Erfolgskreislauf

## 1.3 Eigentlich wäre Lernen geil

„Erfolg" kommt nur im Wörterbuch vor „Leistung".

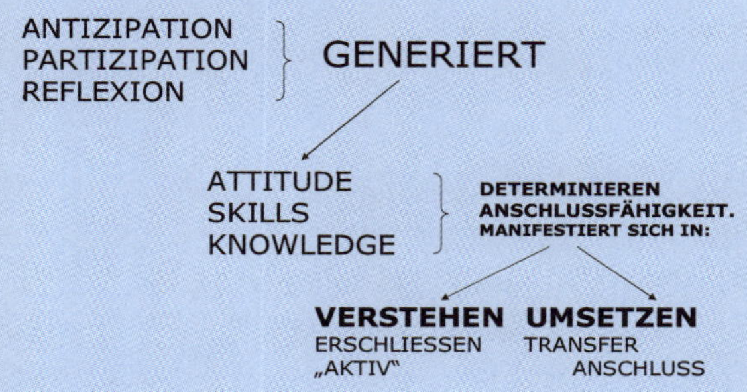


Schulisches Lernen hat mit Verstehen bisweilen wenig zu tun. Jedenfalls kommen Stebler, Reusser und Pauli in einer Analyse zum Schluss, „dass die Lernaktivitäten von Schülern oftmals von unzutreffenden Auffassungen über Lernen und Unterricht geprägt sind, die letztlich verhindern, dass gründliches Verstehen zu einem erstrebenswerten Ziel wird. So glauben viele Schüler, ihre Hauptaufgabe im Unterricht sei, die gestellten Aufgaben möglichst speditiv zu erledigen. Was sie dabei lernen, und wie gründlich sie verstehen, scheint ihnen sekundär." *(Stebler/Reusser/Pauli 1997)*

Doch das Ziel schulischen Lernens ist eigentlich klar: verstehen! Nicht behandeln. Oder erledigen. Oder durchnehmen. Oder gehabt haben.

Verstehen geht immer über das bisher Verstandene hinaus. Und es ist gleichzeitig eine Annäherung an einen nächsten Zustand. Das heisst: DAS Verstehen gibt es gar nicht. Und es ist auch nicht möglich, etwas ein für allemal und abschliessend verstanden zu haben. Auch das Verstehen nicht.

Immerhin: Das Herkunftswörterbuch besagt, dass „Verstehen" sich herleitet aus Begriffen wie wahrnehmen, geistig auffassen, erkennen, eine klare Vorstellung von etwas haben und etwas können. Das liegt in bedeutungsmässiger Nachbarschaft von „einer Spur folgen". Und heisst im Klartext: Verstehen ist eine menschliche Leistung. Und zwar eine Eigenleistung. Vom Leisten ist die Brücke zum Lernen schnell geschlagen. Denn Leistung hat die gleichen etymologischen Wurzeln wie Lernen.

Oder ein bisschen einfacher: Wer lernen will, muss verstehen wollen. Und wer verstehen will, muss etwas tun dafür. Muss sich auseinander setzen. Mit sich. Mit anderen Menschen. Mit den Dingen, um die es geht.

Sich auseinander setzen, darum geht es. Grad und Qualität der Auseinandersetzungsprozesse werden determiniert durch Wissen, Können und Wollen. Was Lernende in dieser Beziehung generiert haben bestimmt, ob und wie sie an die Dinge herangehen. Die Art und Weise wiederum, wie sie an Dinge herangehen, bildet eine Rückkoppelungsschleife: Was sie unternehmen oder unterlassen beeinflusst die Entwicklung von Wissen, Fertigkeiten und Haltungen.

Wenn Lernende sich kreativ und produktiv mit Inhalten auseinander setzen, fördert das zugleich und implizit die Bildung der Persönlichkeit, die man dann nicht gesondert auf die pädagogische Tagesordnung setzen muss. Denn: Erkenntnisprozesse wirken auf die Haltung ein, aus der wiederum die Motivation zum Handeln kommt.

### Lust an der Erkenntnis

Und eben: Verstehen ist hantieren, ist aktives Gestaltungshandeln. Es ist Umgehen mit etwas Widerspenstigem, mit Unklarheit. Es ist Nüsse knacken. Es ist Ordnung schaffen in einem unübersichtlichen und teilweise chaotisch anmutenden Gebiet von sperrigen Fakten und Fragmenten.

Durch den Widerstand wird die geistige Tätigkeit herausgefordert und jenes Selbstdenken erst möglich, aus dem eigenstän-

## Wer im Bett liegt und von Fussball träumt, schiesst keine Tore.

- **Verstehen ...**
  - sich
  - andere
  - Dinge, um die es geht
- **... braucht Auseinandersetzung**
  - **Task** (Anlass/Aufgabe/Frage/Problem)
    - Individuelle Relevanz (Sach- und Beziehungsebene)
    - Herausforderungscharakter
  - **Tools** (Methodenrepertoire)
    - Best Practice
    - Kreativität
  - **Time** (Zeitinvestition)
    - Auseinandersetzung (mehrere Lösungen)
    - Training

dige Persönlichkeiten hervorgehen und keine Mitläufer und Wiederkäuer.

Selbstdenken hat mit der Fähigkeit zu eigener Urteilsbildung zu tun. Dabei geht es freilich nicht um ein Urteilen im moralischen Sinne, sondern um einen komplexen geistigen Interaktionsprozess.

Das heisst: Generierendes Lernen folgt der Spur des Erkennens und Verstehens. Hinter allen Fakten stehen denkende und handelnde Menschen. Das Bewusstsein, dass „Wissen" in jedem einzelnen Kopf immer wieder neu konstruiert wird, führt zu einer Neuverteilung der Verantwortlichkeiten. Denn Lernen kann nur durch die Lernenden selber stattfinden. Nicht an ihnen.

Das klingt verdächtig nach Anstrengung. Und in der Tat: Verstehen erfordert Engagement, manchmal Überwindung. Verstehen macht es nötig, Energie zu mobilisieren, sich einen Ruck zu geben. Das reicht noch nicht. Es braucht Beharrlichkeit, die Bereitschaft, sich nicht mit der erstbesten Lösung zufrieden zu geben, nicht auf halbem Wege stehen zu bleiben. Und das alles lässt sich nicht konsumieren. Es ist nicht ohne Anstrengung zu haben. „Erfolg" kommt nur im Wörterbuch vor „Leistung".

Und dennoch – oder gerade deswegen: Verstehen verbindet sich mit starken positiven Emotionen. Lernen ist geradezu geil (was jugendsprachlich etwa so viel heisst wie grossartig, toll, super).

Verstehen heisst: sich die Welt erschliessen. Auf jedem Schritt dieses Weges winkt eine Belohnung. Denn Verstehen ist das beglückende Gefühl, etwas entdeckt zu haben. Es geht ein Licht auf. Es leuchtet etwas ein. Es fängt zu tagen an. Der Groschen fällt. Heureka, ich hab's! Aha-Erlebnissen wohnt (im Gegensatz zum blossen Antrainieren) eine starke emotionale Komponente inne. Es ist die Lust an der Erkenntnis. Es ist das geile Gefühl, etwas Fremdes in etwas Eigenes verwandelt zu haben.

Verstehen ist eine hochgradig emotionale Angelegenheit. Das Gefühl, etwas verstanden zu haben, löst einen Schub von Glückshormonen aus: Wenn der Groschen fällt, steigt das Dopamin. Aha-Erlebnisse sind sozusagen Ergebnis und Antrieb zugleich.

## 1.4 Unfall in Hinterindien

Verstehen heisst also: sich auseinandersetzen. Dazu braucht es einen Anlass, eine Aufgabe, eine Frage, ein Problem. Und klar: Je näher uns etwas liegt, desto grösser ist die Bereitschaft, uns der Sache anzunehmen. „Relevanz" heisst das entsprechende Stichwort.
Die Zeitungsmeldung mit dem Titel „Unfall in Hinterindien" wird kaum jemanden aus den Socken hauen. Auch wenn die Meldung noch mit zwei Toten ergänzt wird, fördert das die Lesebereitschaft nicht wesentlich. Wenn aber aus dem Titel hervorgeht, dass es sich bei den zwei Toten um Schweizer handelt, erhöht das – in der Schweiz – den Aufmerksamkeitsgrad beträchtlich. Und in der Ortschaft Muster wird die Schlagzeile „Unfall in Hinterindien – zwei Musterer tot" zum Tagesgespräch. Der gleiche Titel wird aber schon ein paar Ortschaften weiter nicht mehr die gleiche Wirkung zeitigen.

Mit anderen Worten: Die Dinge, um die es in der Schule geht, müssen mit den Lernenden etwas zu tun haben. Diese individuelle Relevanz ist entweder durch die Aufgabe, das Thema oder das Problem an sich gegeben. Aber Hand aufs Herz: Die Wahrscheinlichkeit, dass dem einfach so ist, ist wohl nicht wahnsinnig gross. Freilich gibt es Möglichkeiten, dem Zufall ein bisschen nachzuhelfen. Die Anregungsqualität einer Aufgabe, die „Verführung" durch das Kleid, in dem sie daherkommt, die Begeisterung der handelnden Personen – all das und noch viel mehr trägt dazu bei, zumindest kurzzeitig Aufmerksamkeit zu erzeugen. Aber das ist bestenfalls die halbe Miete. Denn das neue farbige Schulbuch verliert mit zunehmendem Gebrauch an optischer Attraktivität. Und der Möglichkeit einer Lehrperson, Aufgaben quasi marktgerecht zu gestalten, werden auch mehr oder weniger enge Grenzen gesetzt sein.

### Wahadamimizutu?

Das heisst: Primäre Aufgabe der Schule ist es nicht, Aufgaben konsumfreundlich zu präsentieren. Natürlich soll das Zeugs nicht furztrocken daherkommen. Aber ein paar farbige Bildchen, eine locker-flockige Aufmachung und ein auf Jugend gestylter Lehrer machen es eben nicht aus. Jedenfalls nicht auf Dauer.
Relevanz wird immer individuell konstruiert. Nähe wird determiniert durch den biografischen Hintergrund. Die Antwort auf die Frage Wahadamimizutu (Was hat

**Das grosse Ziel der Bildung ist nicht Wissen, sondern Handeln.** (Herbert Spencer)

- **Umsetzungskompetenz ...**
  - Bedürfnisse und Problemstellungen erkennen
  - über Lösungsstrategien verfügen
  - situationsadäquat handeln
- **... ist Anschlussfähigkeit**

**Relevanz**

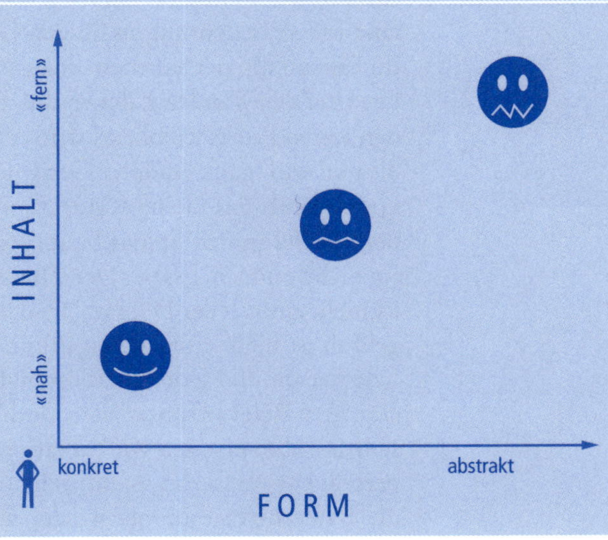

**Für das Können gibt es nur einen Beweis: das Tun.** (Marie von Ebner-Eschenbach)

KAUSAL

- Problemstellungen erkennen
  - analysieren und präzisieren
    - Worum genau geht es?
    - Wie fühle ich mich dabei?

OPTIONAL

- Lösungsstrategien entwickeln
  - verbalisieren und visualisieren
    - Wie war ich schon erfolgreich?
    - Welche Möglichkeiten habe ich auch noch?

FINAL

- Zielführend handeln
  - realisieren und korrigieren
    - Wenn nicht jetzt, wann dann?
    - Wenn nicht ich, wer sonst?

das mit mir zu tun?) lässt sich nicht durch ein Kollektiv beantworten. Und schon gar nicht *für* ein Kollektiv. Anders gesagt: Lernende müssen befähigt werden, Relevanz herzustellen. Und damit eine Beziehung. Sie müssen die Möglichkeit haben, auf verschiedenen Wegen an eine Sache heranzugehen. Die Unterschiedlichkeit der Herangehensweise macht dann aus einer einzigen Frage eine Fülle von Themen. Denn Relevanz bildet sich aus dem Dunstkreis positiver oder negativer Assoziationen. Für den Koch hat „Essen" eine andere Bedeutung als für den Gast im Restaurant, der auf eben dieses wartet. Und der Wanderer, der verdutzt in den leeren Rucksack blickt, wird noch einmal auf ganz andere Gedanken kommen als das kleine Kind, das mit dem Löffel in den Spinat haut. Essen ist nicht einfach Essen. Der Dreisatz ist nicht einfach der Dreisatz. Und Nagelfluh ist nicht einfach Nagelfluh.
Jede Person und jede Situation bilden eine Art Relevanzpotenzial. Und da sich sowohl Personen wie Situationen permanent verändern, stellt sich auch die Relevanzfrage immer wieder neu. Lernen und Verstehen brauchen deshalb Gestaltungsraum.

## Lernen – eine Art zu reisen

Lernen ist kein Ort, wo man ankommt. Lernen ist eine Art zu reisen. Die unterschiedlichen Reisearten und Reisewege verlangen nach ebenso unterschiedlichen Vehikeln. Und klar: Es gibt solche, die sich besser und solche, die sich schlechter eignen. Besser oder schlechter nicht nur im Hinblick auf das Was, sondern auch auf das Wie.
Lernenden steht im Grunde genommen eine unbeschränkte Anzahl von Methoden und Instrumenten zur Verfügung. Je weniger sie von diesen Möglichkeiten Gebrauch zu machen verstehen, desto eingeschränkter – oder einfältiger – wird ihr Denken und Handeln. Denn schliesslich: Das Gegenteil von Vielfalt ist Einfalt. Wer tut, was er immer getan hat, kriegt das, was er immer gekriegt hat. Für Stephen R. Covey ist es „eine Definition von Geisteskrankheit: Immer wieder dasselbe tun und andere Ergebnisse erwarten." *(Covey 1998)*
Ein vielfältiges Methodenrepertoire ist damit ein probates Rezept gegen Routine und Langeweile. Und gegen Frust. Denn das Gewusst-wie hat eine hochgradig emotionale Wirkung. Wer methodisch aus dem Vollen schöpfen und sich der passenden Werkzeuge bedienen kann, wird tendenziell lustbetonter, freudvoller, variantenreicher und kreativer zur Sache gehen. Und damit achtsamer.
Für den tollen Werkzeugkasten unter dem Weihnachtsbaum wird man sich artig bedanken. Die richtige Freude entwickelt sich erst durch den Gebrauch. Und an dem, was entsteht.
Mit Lerntools verhält es sich ähnlich. Der kreative und bedürfnisgerechte Umgang mit Methoden und Werkzeugen bildet eine positive Spiralwirkung mit der Lust an der Erkenntnis. Der Variantenreichtum und damit ver-

bunden die Lernerlebnisse wirken sich positiv auf die Lernergebnisse aus.

## Zeit nutzen

Lernerfolge werden entscheidend mitbestimmt durch den Faktor Zeit. Im Vordergrund steht jedoch nicht die verfügbare Menge an Zeit. Entscheidend ist deren qualitative Nutzung. Das heisst nun gerade nicht Hetze. Nicht krampfhaftes „Abarbeiten". Und nicht Auswendiglernen im Akkord.

Nur zwei Minuten pro Unterrichtsstunde lernen Schüler im Durchschnitt etwas Neues. *(Krüger 2004)* Noch einmal: Zwei Minuten pro Unterrichtsstunde. Das ist – gelinde gesagt – bescheiden. Sehr bescheiden.

Das Stichwort heisst: *Time on Task*. Gemeint ist damit jene Zeit, die tatsächlich in eine Aufgabe investiert wird. Es ist jene Zeit, die effektiv der Auseinandersetzung gedient hat. Es ist mithin jene Zeit, die wirklich zielführend genutzt wurde. Nutzen ist etymologisch auf die gleichen Wurzeln zurückzuführen wie „geniessen". Wer die Zeit nutzt, wer etwas Gescheites mit der Zeit anzufangen weiss, entwickelt dabei meist auch entsprechend gute Gefühle. Genuss eben. Oder *Flow*. So nennt Mihaly Cszikzentmihaly dieses Gefühl jenseits von Angst und Langeweile. *(Czsikzentmihaly 1992)* Den Gegensatz bilden jene Zeiten, zäh und langfädig wie schlechtes Käsefondue, die auch nach dem hundertsten Blick auf die Uhr nicht enden wollen. Dass dabei nichts Gescheites herausschauen kann, ist klar. Und zwar nicht nur, was das Ergebnis anbelangt.

*Carpe diem*, hat Horaz deshalb schon vor zweitausend Jahren seinen Zeitgenossen geraten. Die Empfehlung hat nichts an Aktualität eingebüsst. Auch und gerade für die Schule. Denn wenn die Zeit wirklich genutzt wird, wirkt sich das positiv auf die Lernatmosphäre und das Arbeitsklima aus. Und damit auf die Lernleistungen.

### Lernen ist kein Zuschauersport.

- Verstehen und umsetzen – dafür gibt es keine Abkürzung.
- Gelingendes Lernen erfordert den Einsatz von Zeit und Energie.
- Das steht in einem gewissen Widerspruch zu gesellschaftlichen Entwicklungen.

„Sag mir ein anderes Wort für „Lernen"! – „Pauken". Oder: „Büffeln". Synonyme für Lernen, für schulisches zumal, finden sich häufig in geistiger Verwandtschaft mit „Ächz" und „Stöhn".

Klar braucht schulisches Lernen auch Übungs- und Trainingsphasen. Klar nützt auf die Dauer nur Power. Aber elaboriertes Training! Keine Plackerei für die Altstoffsammlung. Denn stures Büffeln vermindert die Leistung. „Üben meint nicht Drill und Pauken, es geht um intelligentes und effektives Üben", gibt Herbert Gudjons zu bedenken. Und weiter: „Im elaborierten Üben wird etwas vertieft, eine Regel übend angewendet, Transfer gesucht durch unterschiedliche Felder. Es werden multiple Beispiele verwendet, etwas wird erweitert und in grössere Zusammenhänge gestellt. (...) Das Geheimnis des Übens liegt in den abwechslungsreichen, immer neuen Varianten und Beispielen." *(Gudjons 2004)*

Wer auf diese Weise übt und trainiert, verhindert sture Routinen und bleibt offen und sensibel für neue Erkenntnisse. Könner üben achtsam. Nicht nur in der Schule. Wer achtsam übt und trainiert, behält dagegen eine Art Anfängermentalität bei. Das ermöglicht, immer wieder Neues zu entdecken. Und sich immer wieder in den Zustand innerer Präsenz zu versetzen. Im Gegensatz dazu: Wer glaubt, etwas schon zu wissen, ist nicht mehr präsent. „Das haben wir schon gehabt", sagte der Schüler – und machte sich innerlich aus dem Staube.

Es gibt mehr Leute, die kapitulieren als solche, die scheitern.

- Konsumieren statt produzieren
  - „Prozesslose" Gesellschaft: Das Entstehen entzieht sich der Wahrnehmung.
- Per Klick zum Kick
  - Medienorientierung: Mausklick und kurze Schnitte erlauben sofortigen Lustgewinn.
- Happen zappen
  - Subito-Mentalität: Zunehmende Ungeduld prägt das Verhalten.

## 1.5 Katz' und Maus

Eigentlich gibt es keine prinzipiellen Entscheidungen. Niemand kann grundsätzlich Sport treiben. Oder abnehmen. Oder ordentlich sein. Oder fleissig. Oder die Aufgaben machen. Ob es um die christliche Nächstenliebe geht oder um Sprachkompetenz – alles manifestiert sich nicht in verbalen Aussagen, sondern einzig und allein im Tun. Es entscheidet sich in den konkreten Einzelsituationen.
Abnehmen? Ja! Keine Süssigkeiten! Klar! „Wie wär's mit einem Stück Kuchen? Selbst gebacken." – „Nein danke, ich bin am Abnehmen." – „Ach, nur ein kleines Stück. Auf dieses eine Mal kommt's ja nicht drauf an." Und jetzt? „Also, aber nur ein kleines Stück." Oder: „Nein danke." Auch für die grundsätzlichsten Themen werden die Weichen quasi jede Sekunde neu gestellt. Immer gerade jetzt!
Jedes Verhalten ist nichts anderes als die Summe einer Vielzahl von Einzelentscheidungen. Daraus entwickeln sich Muster. Und diese Muster führen dazu, dass bei der nächsten vergleichbaren Situation die gleichen Entscheidungskaskaden ablaufen.

Beispiel: Kinder möchten gut sein in der Schule. Das ist nicht nur eine deklamatorische Leerformel. Das ist ihnen ernst. Dieses „gutsein" ist die Folge vieler kleiner Einzelentscheidungen. Für die Mathe, gegen den Fernseher. Für die Franzwörter, gegen das Internet. Und so weiter und so fort. Es ist letztlich immer ein Entscheid für die Anstrengung. Denn nichts ist ohne Anstrengung zu haben. Keine Gesundheit, keine Freundschaft, kein Sprachdiplom. Nichts.

Das heisst: Lernen ist keineswegs immer spassig. Es kann unbequem sein, anstrengend. Aber wenn ein Lernender aus Erfahrung weiss – wenn das quasi sein Muster ist – dass er Spass haben wird, wenn er etwas kann, dann hat er einen Anreiz. Auch wenn der Weg dahin manchmal etwas schwierig ist. Freude stellt sich ein, wenn man etwas kann, und zwar ganz von alleine.
Indes: Wenn Lernenden solche Erfahrungen bislang mehr oder weniger verwehrt geblieben sind, dann hat es wenig Aussicht auf Erfolg, auf der abstrakten Ebene Änderungen herbeiführen zu wollen. „Du musst dir halt mehr Mühe geben." „Du lernst für dich und nicht für die Schule." „Du musst dich halt ein bisschen mehr anstrengen, du könntest nämlich, wenn du wolltest." Hand aufs Herz: Was sollen Lernende mit solchem Zeugs anfangen? Erstens: Das haben sie eh schon hundert Mal gehört. Und zweitens: Es ist hundert Mal an ihnen abgeperlt wie Wasser an Entenflügeln. Logisch.
Lernende mutieren nämlich nicht von passiven Stoffkonsumenten zu eigenaktiven Inhaltsentdeckern, nur weil die Moral vom erhoben Zeigefinger des Lehrers tropft. Sie müssen etwas ander(e)s machen als vorher. Die Kaskade der Einzelentscheidungen muss sich verändern, damit neue Muster entstehen können. Oder anders gesagt: Die Lust am Lernen kann nur durch das Lernen selbst generiert werden.

Und damit gleichsam auch durch die Erfahrung, dass es sich lohnt, dass es sich vor allem auch emotional lohnt, dem Mathematikbuch (und damit der „Anstrengung") den Vorzug vor dem Fernseher (und damit dem „Konsum") zu geben.

## Der Schlüssel zum Erfolg steckt innen.

- Der Weg zum Lernerfolg verläuft entlang von Freude *an* und Bereitschaft *zu* eigener Leistung.
  - Mehrere Möglichkeiten
    - Nicht mit der erstbesten Lösung zufrieden sein
  - Gratifikationsaufschub
    - Trainings brauchen Zeit, bis sie wirken
  - Anstrengungsbereitschaft
    - Freude am Ent(-wickeln, -werfen), Er(-forschen), Be(-wegen)
  - Selbst
    - Selbstwirksamkeit: Vertrauen in eigene Fähigkeiten

### Prozesslose Gesellschaft

Der Entscheid für die Anstrengung und gegen den Konsum wird Kindern und Jugendlichen nicht gerade einfach gemacht in dieser Welt. Von allen Plakatwänden herunter und über alle Bildschirme wird der Eindruck suggeriert, alles warte nur darauf, konsumiert zu werden. Und zwar subito. Doch die Rechnung kann nicht aufgehen. Irgendjemand muss etwas tun, muss eine Leistung erbringen. Dinge sind nicht einfach da. Hinter allem steckt ein Prozess des Entstehens. Das braucht Energie. Und Zeit.

Das ist nicht selbstverständlich in einer Welt, die sich per Knopfdruck und Mausklick in jedes Kinderzimmer zaubern lässt.

Kinder sitzen heutzutage eine Unzahl Stunden täglich vor dem Bildschirm, bevor sie den ersten Buchstaben lesen können. Die Fernbedienung ersetzt den Babysitter. Der Bildschirm wird zur Lebenswelt.

Apropos Welt: Angenommen, draussen schickt sich eine Katze an, auf Mäusejagd zu gehen. Sie wird sich auf die Lauer legen. Sie wird warten, ruhig, konzentriert, aufmerksam. Und sie wartet. Und wartet. Und wartet.

Gleiche Szene im Fernsehen: Katze kommt. Maus kommt. Katze nimmt Maus. Das Warten ist rausgeschnitten. Kein Sender kann es sich leisten, wartende Katzen zu zeigen. Da könnte ja Langeweile aufkommen. Und wem es langweilig ist, der schaltet um. Kinder wachsen auf in einer Welt der grossen Buchstaben, der schrillen Töne und vor allem der temporeichen Bildschnitte.

Kein Wunder, sieht sich die Schule einer wachsenden Ungeduld gegenüber. Und fast scheint es, als habe sie das Tempodiktat der Gesellschaft aufgenommen. Lernende werden mit einer Flut von Arbeitsblättern eingedeckt, auf die sie, wenn's hoch kommt, noch drei Kreuze zu zeichnen haben. Und wo es ganz modern zugeht, können sie Texte vom Internet in ihr Dokument kopieren. Ungelesen natürlich. Abgeben ist wichtig. Fertig! Gehabt! Das Nächste! Die Stofffülle führt zur Gedankenleere.

Und genau damit wird schulisches Lernen vollends zu einer freudlosen Angelegenheit. Da nützt es auch nichts, die Lernenden mit gebührendem Notendruck in Schach halten zu wollen. Im Gegenteil.

Soll schulisches Lernen anregend und Sinn stiftend sein, muss die Aufmerksamkeit dem Lernen selbst gelten. Lernen ist gebunden an Handeln, an Probieren. Die emotionale Kraft des Tuns, des Angestrengt-Seins, des Entdeckens und Entwickelns steht gleichsam im Zentrum. Bei kleinen Kindern lässt sich eine Lektion dazulernen. Da bringt der Besuch ein neues Spielzeug. Wenn man auf den roten Knopf drückt, ertönt Lärm und Gerassel. Und beim Druck auf den gelben

## Mach alles so einfach wie möglich – aber nicht einfacher. (Albert Einstein)

- In der Buchhaltung wird unterschieden zwischen *Aufwand* und *Investition.*
- Lernen gehört so gesehen in die Investitionsrechnung.
- Und das Verstehen ist folglich der *return on investment.*

Knopf blinkt blaues Licht auf. Super! Das Kind drückt auf den Knopf. Es rasselt und lärmt. Gelber Knopf: Es blinkt und blinkt. Noch einmal der rote. Und der gelbe. Dann beide gleichzeitig. Doch nach ein paar Minuten verliert das Gerassel und Geblinke seine Attraktivität.
Szenenwechsel: Das gleiche Kind findet draussen einen Stock. Es versucht, ihn entzweizubrechen. Funktioniert nicht. Ein weiterer Versuch mit einem Stein. Geht auch nicht. Aufmerksam schaut es sich um. Legt den Stock auf den Boden und springt drauf. Wieder nichts. Dann die Idee: Den Stock an die Treppenstufe lehnen und mit dem Stein draufhauen. Jetzt hat's geklappt. Die beiden Stücke werden zu einem Kreuz geformt und stellen fortan ein Flugzeug dar. Das Kind rennt herum und ahmt das Geräusch eines Motors nach. Das Flugzeug in den Kinderhänden (und vor allem in seinen Gedanken) zeigt waghalsige Kunststücke. Dann landet es und die Passagiere steigen aus. Nun werden die beiden Stöcke zum ... Die Geschichte liesse sich beliebig fortsetzen.
Was macht denn die Attraktivität eines einfachen Stockes aus im Vergleich zum teuren High-Tech-Spielzeug? Es ist nicht der Stock. Der Stock tut nichts, weder blinken noch rasseln. Das Kind muss selber etwas tun. Es gestaltet. Die Attraktivität liegt in der Einfachheit des Selber-Tuns.

# 2

# Wenn die Schule wüsste, was die Schule weiss.

## 2.1 Gemeinsame Antworten finden

„Wenn 25 junge Leute zusammen in einem Raum von einer Lehrperson, die sie nicht selber wählen konnten, Dinge lernen müssen, die sie nicht selber aussuchten, braucht es Regeln." Der dies sagt ist Beat Zemp, Zentralpräsident des Dachverbandes Schweizer Lehrerinnen und Lehrer. *(Coopzeitung 27.02., 07.03, S. 30)* Er geht von der Prämisse aus, dass die jungen Leute zusammen in einem Raum sitzen. Und dass sie Dinge tun müssen, die andere für sie ausgesucht haben.

Das heisst: Die Form ist offensichtlich gegeben. In geistigen Beton gegossen. Schule ist halt so! Und daraus leitet sich eine Kaskade von Konsequenzen und Funktionen ab. Eben: Es braucht Regeln. Und es braucht Leute und ein Machtsystem dahinter, um diese Regeln durchzusetzen. Ist ja logisch!

Quatsch, ist überhaupt nicht logisch! Wer sagt denn, dass die 25 Leute in einem Raum sitzen müssen? Und wer sagt, dass sie Dinge lernen müssen, die sie nicht selber ausgesucht haben?

Das heisst: Man kann die Sache ebenso gut von einer anderen Seite her angehen. Man kann nicht nur. Man muss! Ausgangspunkt sind dann nicht die überlieferten Muster. Nicht das, was vermeintlich so sein muss. Ausgangspunkt ist das, was sein soll. Die Frage nach der Funktion: Welche Funktion soll denn die Schule überhaupt erfüllen?

Versteht sie sich als Wissensvermittlungsanstalt? Dann werden die entsprechenden Personen in entsprechenden Räumen nach entsprechenden Regeln entsprechenden Stoff „vermitteln" und entsprechende Prüfungen inszenieren. Oder will sie beispielsweise ein Ort sein, wo junge Leute lernen, sich eigenverantwortlich mit relevanten Inhalten auseinander zu setzen? Dann ..., ja dann muss sie ihre innere und äussere Form diesem Ziel unterordnen. Und dann sieht „Schule" nicht mehr wie „Schule" aus.

„Wenn als gute Schülerleistung verständnisorientiertes Lernen, die Fähigkeit, mit neuartigen Problemen ausserhalb von Lösungsroutinen umzugehen, sinnvolles Sozialverhalten und die Fähigkeit zur Selbstregulierung begriffen werden, setzt dies einen anderen Unterricht voraus, als wenn Leistung mit Druck, Drill und Auswendiglernen assoziiert wird." *(Boenicke/Gerstner/Tschira 2004)*

Man kann nicht eine Ananas so zurechtschneiden, dass sie die Form einer Kartoffel hat und sich dann darüber beklagen, dass die Rösti nicht schmeckt. Wenn das, was getan wird (oder getan werden muss), sich immer weiter von dem entfernt, was getan werden sollte, entsteht Disfunktionalität. Das heisst: Das, was die Schule will (*function*) muss in Einklang stehen mit dem, was sie tut (*form*).

Anders gesagt: Wer sich über die Unselbstständigkeit von Lernenden beklagt, muss sich der Frage stellen: Haben sie überhaupt die Möglichkeit, selbstständig zu lernen und zu arbeiten?

Deshalb: Die Form muss der Funktion folgen. Am Anfang steht die Frage: Was wollen wir überhaupt? Und erst dann können sinnvollerweise die entsprechenden Antworten gesucht und gefunden werden. Und wenn es gelingt, sich auf gemeinsame Antworten zu einigen, prägt das in nachhaltiger Weise das Klima, die Lebendigkeit und das Zusammenleben in der Schule.

### Entspanntes Leistungsklima

Grundsätzlich gilt: Die Schule muss sich mit der Lust am Lernen verbünden. Sie muss den Lernenden Mut machen, in der Welt etwas zu wollen. Das verlangt nach einer Schule, in der

Lust und Leistung kein Widerspruch sind.

Aber eben: Wenn von schulischem Lernen die Rede ist, gibt das selten Anlass zu Jubelgeschrei und Freudentänzen. Nicht nur im jugendsprachlichen Umgang verbindet sich „lernen“ mit Begriffen wie „ochsen“, „büffeln“ oder „pauken“. Auch der offizielle Sprachgebrauch – nimmt man den Duden als Massstab dafür – bringt „lernen“ kaum mit positiven Bildern in Verbindung. Im Gegenteil! Wer viel lernt, wird auch noch gleich in die Schäme-dich-Ecke zu den Strebern gestellt. Also: Ums Himmels Willen, ja nicht viel lernen, sonst gerät man unter prinzipiellen Kollaborationsverdacht mit denen „da oben“.

Der Schriftzug „Lehranstalt“ ist zwar allenorts übermalt oder von den Fassaden abmontiert worden. Im Innersten hat die Schule aber den Charakter einer Behörde bewahrt. Sie verwaltet das Lehren. Und schwänzt das Lernen.

Aber genau darum ginge es: ums Lernen. Viel lernen, ohne Streberverdacht. Und lustvoll lernen, ohne schlechtes Gewissen, weil's nicht weh tut.

Nötig ist eine radikale Abkehr von einem entfremdeten Dreschen leeren Strohs für die nächste Prüfung. „Die Überlagerung von Bildungs- durch Selektionserfahrungen bedeutet für Schüler in der Regel eher strategische Anpassung an jeweilige Leistungserwartungen anstatt aktive Auseinandersetzung mit dem Gegenstand.“ *(Boenicke/Gerstner/Tschira 2004)*

Stoffdiskussionen beherrschen deshalb Lehrerzimmer und Schulhauskorridore. Was, ihr seid erst bei Kapitel 15? Mitleidiges Lächeln! Und mit stolzgeschwellter Brust: Wir sind schon drei Kapitel weiter! Die Seitenzahl im Lehrmittel hat sich als Referenzwert etabliert. Als Folge davon kommt gegen Ende des Schuljahres die Jagd nach Seitenzahlen und Kapiteln in die entscheidende Phase. Die Krone der Erschöpfung wird jenen zuteil, die am meisten „gehabt“ und „behandelt“ haben. Dabei ist „Stoff“ nur das wert, was Lernende aus ihm machen. „Machen“? Das Wort findet seine Wurzeln in der Bedeutung von „kneten“. Aus der ursprünglichen Verwendung des Verbs im Sinne von „den Lehmbrei zum Hausbau kneten, die Flechtwand mit Lehm verstreichen, formen“ entwickelten sich gemäss Duden im germanischen Sprachbereich die Bedeutungen „bauen, errichten, zusammenfügen, zupassen, herstellen, bewerkstelligen,

## Eine Unze Erfahrung ist so viel Wert wie eine Tonne Theorie. (Benjamin Franklin)

- Investitionen in Zeit und Anstrengung setzen Erfolgserwartungen voraus.
- Man kann nur denken (sich vorstellen), was man kennt.
- Erfolge erwarten kann folglich nur, wer über Erfolgs-Erfahrungen verfügt.

## Lernen (Duden)

**lernbegierig** ↑bildungshungrig.
**Lerneifer** ↑Bildungsdrang.
**¹lernen,** erlernen, auswendig lernen, memorieren, aufnehmen, sich etwas anlernen / zu Eigen machen / annehmen / aneignen, studieren, Kenntnisse erwerben, sich präparieren, üben, exerzieren, durchexerzieren, trainieren, sich [die Vokabeln o. Ä.] angucken / anschauen · *übertrieben viel:* strebern, ein Streber sein *(abwertend),* stucken *(abwertend, österr.),* pauken *(salopp),* büffeln *(salopp),* ochsen *(salopp)* · *aus eigenen Fehlern:* Lehrgeld zahlen müssen · *einen Beruf von Grund auf:* von der Pike auf lernen; ↑anstrengen (sich), ↑einarbeiten, ↑einprägen, ↑einstudieren, ↑erziehen, ↑lehren; ↑Schüler, ↑Unterricht.
**²lernen:** ↑einstudieren; etwas l. ↑werden (etwas); etwas gelernt haben ↑firm [sein].
**Lerner** ↑Schüler.
**Lernhilfe** ↑Gedächtnisstütze.
**Lernmittel** ↑Lehrmittel.
**Lernschwester** ↑Krankenschwester.
**Lernstoff** ↑Pensum.

## Das Leben besteht aus den Tagen, an die man sich erinnert. (John Whitting)

- Qualität = bedürfnisgerechte Leistung
  - relativ zu ... (Referenzwert?)
- Produktorientierte Qualität
  - Jemand plant – jemand produziert – jemand kontrolliert
  - Fokus: Ende/Abschluss
- Prozessorientierte Qualität
  - Individuelle Entwicklung – persönliche Erfolgserlebnisse
  - Fokus: „under construction"/Anschluss

handeln, tun, bewirken." Und genau darum geht es – auch und gerade beim Lernen. Es geht um eine Kultur des Machens, eine Kultur der aktiven Auseinandersetzung. Die Freude am Lernen und an der Leistung kann sich nur durch die Leistung selbst entwickeln. Ein entspanntes Leistungsklima ist deshalb der Humus, auf dem die Bäume des individuellen Lernerfolges Richtung Himmel wachsen.

## Anschluss

**Fürs Leben gelernt?**
Wo Unternehmen Defizite bei Schulabgängern sehen (in Prozent)

Zeit-Grafik/Quelle: IW-Umfrage bei 800 Unternehmen

### Lernende Schule

Nicht für die Schule, sondern für das Leben lernen wir. Seneca wird dieses Sprichwort nachgesagt. Und er wird schon das Richtige gemeint haben. Aber man kann es auch so lesen: Das Leben findet ausserhalb der Schule statt. Will heissen: Die Schule ist eine Welt für sich. „Es gibt Schulgebäude und Unterrichtszeiten, Lehrpläne, Professionalisierung der Lehrerbildung und Verwissenschaftlichung von Schule und Unterricht usw. – kurz, die Schule stellt ein Arrangement dar, das eine gewollte Distanz zur Lebenswelt erzeugt." *(Boenicke/Gerstner/Tschira 2004)* Und sie kultiviert diese Distanz. Als Folge davon hat sich das System Schule bislang als sehr innovationsresistent erwiesen. Grundsätzliche Veränderungen haben den Status deklamatorischer Worthülsen noch nicht verlassen. Schulentwicklung vollzieht sich in erdgeschichtlich anmutenden Zeithorizonten. Da geht es ausserhalb der Schulhausmauern ganz anders zur Sache. Die Welt verändert sich in atemberaubendem Tempo. Und der Wandel in Wirtschaft und Gesellschaft geht nicht einfach an den (jungen) Menschen vorbei.

Veränderungen sind zwar im Prinzip attraktiv, herausfordernd, spannend. Sie fordern aber auch permanente Anpassungsleistungen. Aktives Anpassen heisst: lernen! Lernen wird zu einem selbstverständlichen Teil des Lebenskonzeptes. Ein solches dynamisches Verständnis von Lernen steht natürlich in krassem Widerspruch zu ödem „auswendig lernen", zu „behandeln" und zu „gehabt haben". Ein statisches Lernverständnis passt nicht in eine dynamische Welt. Und eine statische Schule auch nicht.

Die gesellschaftlichen Umwälzungen – kulturelle und sprachliche Vielfältig-

keit, „moderne“ und mobile Wohn- und Lebensformen, Reizüberflutung und Bewegungsarmut, Gewaltbereitschaft, gesundheitsschädigendes Sucht- und Ernährungsverhalten – machen nämlich ebenso wenig Halt vor der Schule wie der Anspruchswandel in der Berufs- und Arbeitswelt. Die Schule muss solchen Veränderungen und den zunehmend voneinander abweichenden Sozialisierungshintergründen aktiv Rechnung tragen. Ob sie will oder nicht. Es ist ihre Aufgabe! Denn sie ist, verdammt noch mal, Teil dieser Welt. Lebendiges Lernen verlangt nach einer vitalen – nach einer lernenden – Schule. Zur Arbeit im System kommt deshalb die Arbeit am System. Als Initiativ- und Gestaltungsraum nimmt sie eine Scharnierfunktion wahr zwischen der „Welt“ und den Menschen in der Schule. Vor ihrem eigenen biografischen Hintergrund und mit Blick auf die relevanten Entwicklungen leistet die Schule einen wesentlichen Beitrag zur Orientierungs-, Erschliessungs- und Handlungskompetenz der Lernenden. Und der LernCoaches. Die Menschen in der Schule sollen durch die Schule lernen, sich zu orientieren, sich die Welt zu erschliessen und entsprechend erfolgreich zu handeln.
Was für die Menschen gilt, gilt in gleicher Weise für die Schule als System. Sie muss sich orientieren, erkennen, ob und wie die Bedürfnisse sich wandeln. Denn das Ziel ist klar: eine bedürfnisgerechte Dienstleistung erbringen. Referenzwert sind dabei die Lernenden und ihr Erfolg auf der Bühne des Lebens.

## Ressourcen nutzen

Den sich unaufhaltsam verändernden Bedingungen und Ansprüchen ist nicht mit den alten Mustern beizukommen. Ein solches Muster heisst: „meine“ Klasse. Oder „mein“ Fach. Weg damit! Es muss heissen „unsere“ Schule. Und mit „unsere“ sind beileibe nicht nur die

> **Freiheit ist die Möglichkeit, eigene Ziele zu verwirklichen.**
>
> - Qualität heisst: eine bedürfnisgerechte Leistung erbringen.
> - Referenzwert sind die Lernenden und ihr Erfolg.
> - Konsequenz: **Form follows Function.**

Lehrpersonen gemeint. Soll die Schule als System eine positive Wirkung erzielen, muss sie die verschiedenen Leistungsträger in ihr Tun und Denken einbeziehen. Hauptbeteiligte sind zuerst einmal die Lernenden. Sie bringen tagtäglich eine Fülle von Erkenntnissen und Erfahrungen mit in die Schule. Darunter hat es vieles, was anderen zum Nutzen gereichen könnte. Alle Lernenden haben beispielsweise ganz unterschiedliche Erfahrungen gesammelt im Umgang mit Problemstellungen, mit Hindernissen. Sie haben gelernt, sich zu organisieren oder können zumindest darlegen, welche Versuche sie unternommen haben und woran sie gescheitert sind. Sie weisen sich über sehr unterschiedliche Fachkenntnisse aus, die sie auf ebenso unterschiedliche Arten generiert haben. Kurz: Landauf landab versammelt sich in den Schulzimmern jeden Tag aufs Neue ein riesiges Lernpotenzial.
Wie heisst es doch: Der erste und wichtigste Pädagoge sind die anderen Kinder. Dann sitzen – wenn schon – nicht 25 ferngesteuerte Schüler da, sondern 25 Mitarbeitende, 25 Fachleute für Lernen, 25 authentische und lebendige Beispiele für gelingendes Arbeiten. Oder für misslingendes. Auch das birgt Lernchancen.
Lernen hat immer auch irgend etwas mit anderen Menschen zu tun. Nicht nur miteinander. Sondern vor allem voneinander. Die Frage ist nur: Was? Die Antwort ist einfach: Je mehr die Schule das Voneinander nur passiv geschehen lässt, desto

## Viele verfolgen hartnäckig den Weg, aber nur wenige das Ziel. (Friedrich Nietzsche)

- Im Zentrum steht die Frage nach der **Funktion**: Was soll erreicht werden?
- Die Antwort bestimmt ...
  - ... Klima
  - ... Vitalität
  - ... Synergie

weniger lässt es sich als Potenzial zielführend nutzen.
Was für die Lernenden gilt, gilt mindestens in gleicher Weise für die Lehrkräfte. Sie kommen zum Unterricht. Und gehen. Und kommen zum Unterricht. Und gehen. Und kommen zum Unterricht. Und gehen. Gut, manchmal bleiben sie noch für eine Konferenz. Oder eine SchiLf (für Uneingeweihte: Schulinterne Lehrerfortbildung). Die Einen nutzen solche Gelegenheiten für einen konstruktiven Erfahrungsaustausch. Andere korrigieren derweil Aufsatzhefte oder Mathematikprüfungen. Und wiederum andere hoffen, es dauere nicht wieder so lange wie letztes Mal.
Es gehört nicht zur Kultur des Systems „Schule“, die Arbeitszeit vor Ort zu verbringen, sich über Fachgrenzen hinweg auszutauschen und auseinander zu setzen, Transparenz zu schaffen bezüglich dessen, was getan wird und offen zu legen, wie es getan wird. Hohe Zäune sichern gute Nachbarschaft.
Doch wenn die Schule wüsste, was die Schule weiss! Welcher Gewinn könnte

## Zusammenarbeit

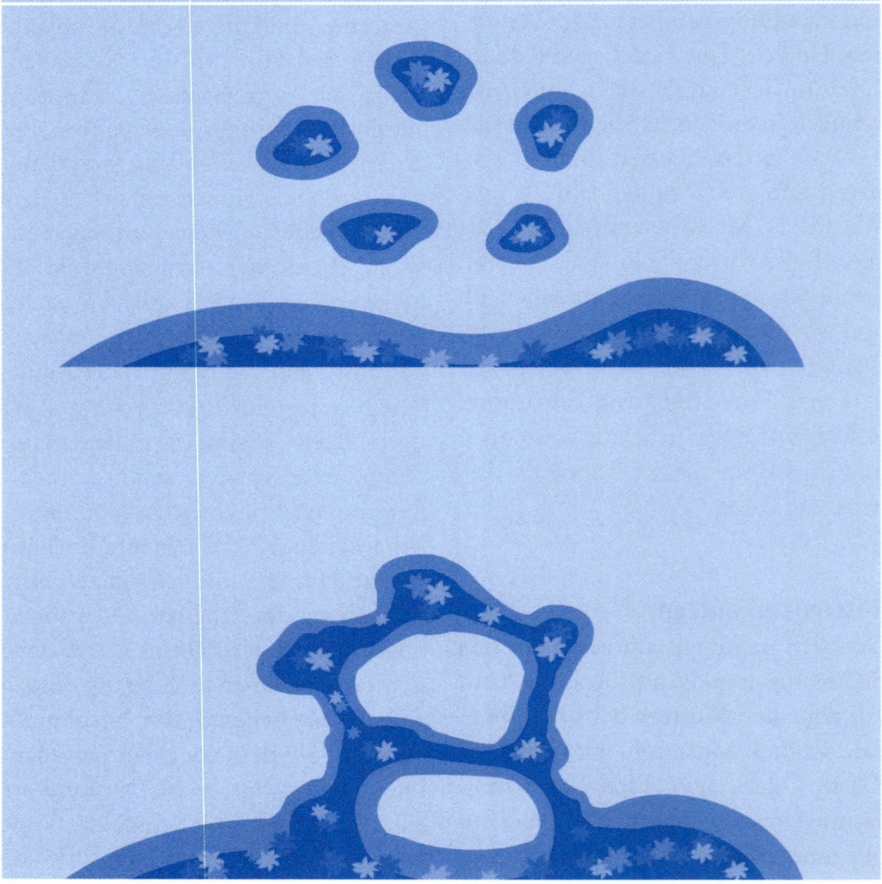

entstehen, wenn das vorhandene Wissen, all die vielen Erfahrungen, die individuellen Stärken und Ressourcen im Interesse einer gemeinsamen Sache systematisch genutzt würden. Dabei steht der materielle Gewinn nicht einmal im Zentrum. Klammer: Obschon sich da unter dem Strich (auch volkswirtschaftlich gesehen) einiges zusammenläppert. Klammer geschlossen.
Es geht zuerst und vor allem auch um den persönlichen Gewinn, um den Gewinn an professioneller Lebensqualität. Dazu müssen die Einzelkämpfer ihre einsamen Unterrichtsinseln gedanklich und organisatorisch miteinander verbinden. Sie können zu diesem Zwecke einladende Brücken bauen und Gräben zuschütten. Dann entstünde aus den einzelnen Inseln eine gut erschlossene, vielfältige und fruchtbare Landschaft.
Eine solche Landschaft erleichtert konstruktive und kreative Formen der Zusammenarbeit. Zusammenarbeit heisst zwar: etwas von sich preisgeben. Aber Zusammenarbeit heisst auch: etwas erhalten. Materiell und immateriell.

## Probleme sind Chancen in Arbeitskleidung

- Klima

  ↳ Entspanntes Leistungsklima

  - Wer etwas mehr tut als das, was verlangt wird, ist kein Streber.
  - Die Freude an der Leistung kann sich nur durch die Leistung selber entwickeln.
  - Leistung entsteht jenseits von Angst und Langeweile.

Achtung zum Beispiel, Aufmerksamkeit und Wertschätzung.
Ebenso wichtig wie die enge Verbindung der Inseln untereinander ist die enge Anbindung ans Festland. Die Schule muss einen intensiven Austausch pflegen mit dem Elternhaus, den regionalen Leistungsträgern aus Wirtschaft und Gesellschaft, den möglichen Partnern in Sport und Kultur. Stichwort „Partner“: Eine vitale Schule macht Betroffene zu Beteiligten – innerhalb und ausserhalb ihrer vier Wände.

Partner
Eltern
Sport !

Alles ist schwierig, bevor es leicht wird.

- **Auseinandersetzung**
  - Elaborieren: entwerfen, bewerten, klären, Beziehungen herstellen, folgern
  - Reduzieren: verdichten, Kernpunkte herausarbeiten
  - Kommunizieren: fragen, vergleichen, erklären, präsentieren, diskutieren

## 2.2 Einander zum Erfolg verhelfen

Experten sind Menschen, die auf einem speziellen Gebiet besonders gut Bescheid wissen. Das heisst: eigentlich alle. Denn wohl alle Menschen verfügen über irgendwelche speziellen Kenntnisse und Fähigkeiten, über etwas, das sie von anderen unterscheidet. Damit ist gesagt: Tagein, tagaus bevölkern unzählige Expertinnen und Experten die Schulhäuser.

So ist die Rollenverteilung in herkömmlichen schulischen Settings aber nicht gedacht. Denn Experten sind die Lehrpersonen. Sie wissen, was zu gehen hat. Und wie es zu gehen hat. Das determiniert das Verhalten der Lernenden. Schülerhaft eben. Eine Folge davon: das Phänomen der „six hours retarded". So werden die ganzen Völkerstämme von Kindern genannt, die es in schulischen Situationen auf keinen grünen Zweig bringen, „draussen" dann aber Erstaunliches auf die Reihe kriegen.

Mit anderen Worten: Lernende sind fähig, Experten zu sein. Wer als Lehrpersonen zwanzig Lernende in einer Klasse hat, hat also entweder zwanzig (schülerhafte) Schüler oder zwanzig erfahrene Mitarbeiter. Es ist eine Frage der Rollenverteilung. Und der Kultur. Wohl kein Kind auf der ganzen Welt steht am Morgen auf und sagt sich: „Heute bin ich ein ganz schlechter Schüler." Eigentlich möchten doch alle „gut" sein, akzeptiert, erfolgreich. Aufgabe der Schule ist es, sie dabei zu unterstützen. Oder eben: ihnen zum Erfolg verhelfen. Wenn sich die Lehrperson bei dieser Aufgabe auf zwanzig erfahrene Mitarbeiter stützen kann, steigt die Wahrscheinlichkeit des Gelingens. Und zwar nicht nur linear. Denn in einer solchen Kultur des Voneinander werden vielfältige Potenziale genutzt. Eine Art positiver Rückkoppelungsprozess entwickelt sich.

Die Menschen lernen durch das, was sie tun. Und die Lernenden tun ja in der Schule den ganzen Tag etwas. Dabei generieren sie Wissen. Und sie machen Erfahrungen. Sie machen unter anderem die Erfahrung, was sie in einer bestimmten Sache weiterbringt. Oder was sie behindert. All dieses Wissen und diese Erfahrungen bilden ein unschätzbares Reservoir an Ressourcen. Diese Ressourcen nicht zu nutzen, ist Verschwendung.

Voneinander lernen heisst deshalb die Devise. Das verlangt, sich über Wissen und Fertigkeiten ebenso auszutauschen wie über Erfahrungen im Umgang mit Schwierigkeiten oder über die guten Gefühle des Gelingens. Die Schule wird zum Ort des Austauschs unter Experten.

Eine solche Kultur des Voneinander baut auf Ermöglichungsstrukturen. Der Nutzen stiftende Austausch von vielfältigem Expertentum braucht Raum und Räume. Er kann informell geschehen, indem die Lernenden die Möglichkeit haben, miteinander zu reden, sich auseinander zu setzen, Fragen aufzuwerfen, Klärungen herbeizuführen. Voneinander lernen braucht die

## Handeln, nicht weil etwas geschehen ist – weil etwas geschehen soll.

- **Materialien und Tools**
  - Ziel: Qualität der Auseinandersetzung (mit sich und mit den Dingen) sichern
  - Erwartung: Inhaltlich und organisatorisch sinnlich wahrnehmbaren Nutzen stiften
  - Bedingung: Werkzeuge und Materialien sind selbstverständlicher Teil der täglichen Arbeit

Interaktion als selbstverständlichen Teil der Lernkultur. Denn so verlagern sich die Aktivitätsschwerpunkte weg vom Lehrer, hin zu den Lernenden.
Natürlich können auch Arrangements gestaltet werden, die dem Austausch von Wissen und Erfahrungen eine Struktur verleihen.

*Beispiel 1: Baum der Erkenntnis*
Im Schulzimmer findet sich ein Baum – aus Styropor an der Wand oder aus Holz freistehend im Raum. Der Phantasie sind keine Grenzen gesetzt. Es handelt sich um einen Baum der Erkenntnis, der so konstruiert ist, dass Gegenstände angebracht werden können. Im Verlaufe der Woche befestigen die Lernenden ebenso wie die Lehrpersonen je zwei, drei Dinge an diesem Baum. Das kann eine Arbeit sein, ein Symbol, ein Bild, was auch immer. Die Gegenstände repräsentieren neue wichtige Erkenntnisse und Erfahrungen, die die Beteiligten haben gewinnen können.
Im Rahmen eines regelmässigen Meetings – vielleicht gegen Ende der Woche – werden diese Erkenntnisse einander vorgestellt und die damit zusammenhängenden Erfahrungen und emotionalen Befindlichkeiten ausgetauscht. Die „Früchte der Erkenntnis" werden quasi geerntet. Natürlich können auch richtige Früchte oder Fruchtsäfte den Anlass ergänzen. Das Ambiente trägt das seinige dazu bei, dass die Menschen und ihre Leistungen eine Wertschätzung erfahren. Oder um es mit Heinrich von Kleist zu formulieren: „Wie viele Freuden gewährt nicht schon allein die richtige Wertschätzung der Dinge."

*Beispiel 2: Top of the Week*
Im Wochenrhythmus stellen sich die Lernenden die „Erkenntnis der Woche" vor. In kurzen Präsentationen zeigen sie einander, was sie neu dazu gelernt haben, wo sie einen Schritt weitergekommen sind. Dabei reicht es allerdings nicht zu sagen, „ich weiss jetzt, wie man Kreisflächen berechnet". Es geht vielmehr darum, es gleich zu demonstrieren. Damit lässt sich der Erfolg noch einmal verdinglichen. Zudem trägt die regelmässige Erfahrung des Präsentierens mit der Zeit auch zur Förderung eines selbstbewussten Auftretens bei. Und nicht zuletzt: Die anderen erhalten jede Menge praktischer Hinweise im Hinblick auf die Lösung schulischer Problemstellungen. Denn Inhalt der Präsentationen ist nicht nur das Was, sondern auch das Wie. Nicht nur die Lernergebnisse sollen vorgestellt werden, sondern vor allem auch die Wege dazu. Die Kinder zeigen einander, welche Methoden sie gewählt haben, wie sie vorgegangen und wie sie mit Schwierigkeiten umgegangen sind. Sie zeigen, was funktioniert hat. Und was nicht. Dieser Erfahrungsschatz gibt die Möglichkeit, das eigene Strategie-Repertoire permanent zu erweitern.

### Sich erfolgreich erleben

Die Sozialisierungshintergründe der Lernenden weichen zunehmend voneinander ab. Die Vielfalt im Klassenzimmer wird immer grösser. Diese Vielfalt gilt es als Ressource zu nutzen und damit Heterogenität als Chance wahrzunehmen. Denn die unterschiedlichen Hintergründe der Lernenden erhöhen die Wahrscheinlich-

Belohnung verwandelt Wollen in Müssen. (Reinhard Sprenger)

- **Evaluation**
  - „Und nun?" statt „Fertig!"
    - Alle Lernergebnisse sind Wegweiser für die nächsten Schritte.
  - Macht Fehler, Leute!
    - Fehler sind nichts anderes als Impulse zum Weiterlernen.
  - Spass ist, wenn man etwas kann
    - Bewerten heisst: wertschätzen. Der Fokus richtet sich auf das, was gelingt.

keit, dass sie auch einen unterschiedlichen Zugang zu den Dingen haben. Unterschiedliche Sichtweisen führen zu unterschiedlichen Lösungsansätzen. Und unterschiedliche Lösungsansätze schaffen unterschiedliche Möglichkeiten. Vorausgesetzt: Dem, was die Kinder an Erfahrungen einbringen, wird Wertschätzung entgegengebracht. Das heisst: Es geht darum, den Lernenden Möglichkeiten einzuräumen, in einem kleinen Gebiet Experte zu sein. Etwas zu können. Etwas zu wissen. Und dieses Stück Erkenntnisgewinn mit anderen teilen zu können. Diese Form von regelmässiger *mastery experience* leistet ebenso regelmässig einen Beitrag an den Glauben in die eigenen Fähigkeiten und Möglichkeiten. Wer an Möglichkeiten denkt, denkt an Chancen. Und wer an Chancen denkt, fokussiert Lösungen und lässt Dinge entstehen.
Schule muss von den Lernenden als erfolgreich und Nutzen stiftend wahrgenommen werden. Wenn Kinder als Experten einander zum Erfolg verhelfen (dürfen), entsteht dabei doppelter Nutzen. Die Möglichkeit, von Erfahrungen anderer zu profitieren dient dem kollektiven Nutzen. Und das Erlebnis, Erfolg gehabt zu haben, dient dem individuellen Nutzen. Etymologisch gesehen ist „Nutzen“ eng verwandt mit „geniessen“. Klar, sich als könnend zu erleben macht ja tatsächlich Spass.

## 2.3 Dem Zufall nachhelfen

Die Schule ist ein System. Alles wirkt auf alles. Diese Wirkung kann man dem Zufall überlassen. Und dem fällt ja immer etwas zu. Oder ein.
Man kann natürlich die Wirkung auch in einer erwünschten Richtung zu gestalten versuchen. Nur, da stellt sich zuerst einmal die Frage: Was ist denn eigentlich erwünscht?
Angenommen, es sei erwünscht, dass Lernende sich in der Schule erfolgreich fühlen. Dass sie Wertschätzung erfahren. Dass sie lernen, respektvoll zu handeln – sich selbst, anderen und den Dingen gegenüber. Dass sie Vertrauen in ihre eigenen Fähigkeiten aufbauen. Dass sie Verbindlichkeiten eingehen und sich zuständig fühlen. Dass sie Perspektiven entwickeln und die entsprechenden Energien mobilisieren. Dass sie sich lustbetont und konzentriert zugleich mit relevanten Dingen auseinander setzen.
Kurz: Angenommen, es gehe darum, dass Lernende Freude am Lernen und an der Leistung entwickeln, eine Freude, die ein Leben lang anhält.
Na ja, wenn solche Ziele wie Fixsterne am schulischen Horizont dem Denken, Fühlen und Handeln die Richtung weisen, dann stellt sich die Frage: Welche Faktoren können denn dazu beitragen, dem Zufall zumindest ein bisschen nachzuhelfen?

### Faktor 1: Lernumgebung. Oder: Wo man ist, so ist man.

„... und in Poseidons Fichtenhain, tritt er mit frommem Schaudern ein ...". So ergeht es Ibikus dem Götterfreund auf seinem Weg „zum Kampf der Wagen und Gesänge". Schillers poetische Worte heissen übersetzt: Die Umgebung determiniert das Verhalten. Der blosse Fichtenhain hat Ibikus in einen Zustand frommen Schauderns versetzt.

Wir sind friedlich. Wir sind höflich.
Wir sind friedhöflich.

- Vitalität

  ↳ Lernende Schule

  - Die Welt verändert sich. Das erfordert permanente Anpassungsleistungen.
  - Das heisst: Neben der Arbeit *im* System braucht es Arbeit *am* System.
  - Beunruhigung: Was könnten wir besser (bedürfnisgerechter) machen?

Und durch das verzweifelte „schau dort Timotheus, die Kraniche des Ibikus" haben seine späteren Mörder sich verraten. Auch dieses – eigentlich törichte – Verhalten war ausgelöst worden durch das, was ihnen die Umgebung an Sinnesreizen (in Form von Kranichen) geboten hatte.
Das passiert beileibe nicht nur Schillers Balladenfiguren. Wer an einer Trauerfeier teilnimmt, verhält sich dort wesentlich anders als in der Fankurve des Fussballstadions. Und im klassischen Konzert mit den zukünftigen Schwiegereltern sitzt sauber gewandet und artig im Gestühle, wer vor dem häuslichen Bildschirm in Unterhosen und zerknittertem Shirt nasebohrend herumhängt.

Das heisst: Wo man ist, so ist man. Oder eben: Der Kontext bestimmt das Verhalten. Das gilt ohne Abstriche auch für die Schule.
Folgendes Bild: Ein normales Unterrichtszimmer. Vorne eine Wandtafel. Daneben eine Leinwand. Der Hellraumprojektor ist wie die Stühle und Tische fein sauber nach vorne ausgerichtet. Nun betreten Menschen den Raum. Quizfrage: Was passiert jetzt? Genau! Sie setzen sich hin. Entweder hinten. Oder am Rand in der Nähe der Türe. Und sie warten. Und harren der Dinge, die da kommen mögen.

**Wer die Wahl hat zwischen zwei Übeln - wähle keins von beiden.** (Charles Spurgeon)

- 1. Persönliche Meisterschaft
- 2. Mentale Modelle
- 3. Gemeinsame Vision
- 4. Gemeinsame Lernprozesse
- 5. Systemdenken

- Lernende Organisationen sind Organisationen, ...
- ... wo Menschen kontinuierlich ihre Fähigkeiten erweitern, um Resultate zu erzielen, die sie wirklich wünschen,
- ... wo neue und ungewöhnliche Denkmuster Nahrung erhalten,
- ... wo kollektives Bestreben freigesetzt wird,
- ... und wo Menschen fortlaufend lernen, das Ganze zu sehen.

(Peter Senge)

Ist ja klar. Mit der Gestaltung des Raumes ist der Aktivitätsschwerpunkt festgelegt. Vorne an der Tafel. Dorthin orientiert sich männiglich. Und mit dieser Orientierung nach vorne verbindet sich ein bestimmtes Verhalten. Jenes des – idealerweise braven – Schülers, der darauf wartet zu vernehmen, was der Lehrer von ihm will.

Menschen passen normalerweise ihr Verhalten ganz automatisch der Umgebung an. In einem traditionellen Schulzimmer verhält man sich eben entsprechend schülerhaft. Da gibt es doch die Geschichte von jenem Lehrer, der im Rufe stand, eine ganz andere Art von Unterricht zu gestalten. Ein Kollege trat auf ihn zu: „Ich habe gehört, dass die Schüler in deiner Klasse ganz anders lernen. Die sollen viel selbstständiger und an ganz unterschiedlichen Dingen arbeiten. Ich kann mir das gar nicht so recht vorstellen. Darf ich mal eine Stunde hinten in dein Schulzimmer sitzen und mir das anschauen?" – „Klar, aber du musst halt selber herausfinden, wo ‚hinten' ist ..."

Mit anderen Worten: Schulische Arbeitsräume spiegeln die Art des Lernens und Arbeitens. Oder umgekehrt. Sie bilden die Funktion ab. Wenn also Frontalunterricht den schulischen Alltag beherrscht, werden die Räume entsprechend gestaltet sein. Beziehungsweise: Wenn die Räume so gestaltet sind, werden die Menschen entsprechende Rollen übernehmen – vorne der „Lehrer", hinten die „Schüler".

Wer lernt, tut ja ganz unterschiedliche Dinge – von A wie abzeichnen bis Z wie zuhören. Die Art der Raumnutzung hat diesen verschiedenen Tätigkeiten durch entsprechende Funktionsbereiche Rechnung zu tragen. Beispiel: Für einen Input versammeln sich die Lernenden in einem Kreis. Die Verarbeitung findet an ihren Arbeitsplätzen statt. Oder es bilden sich Gruppen um ein Flipchart herum. Oder sie legen sich bäuchlings auf den Boden. Oder. Oder. Oder. Alles – oder zumindest fast alles – ist besser, als den Tag auf demselben Stuhl auszusitzen.

Wenn die Lernumgebung wirklich als das genutzt wird, verändert sich natürlich das Kommunikationsverhalten unter den Lernenden. Sie tun alles – ausser die ganze Zeit an ihrem Platz zu sitzen. Dabei unterhalten sie sich. Selbstverständlich. Sie tauschen sich aus. Und sie tun das flüsternd. Das Stichwort heisst: Flüsterkultur. Dadurch entsteht eine ganz spezielle Art von „virtueller" Raumgestaltung, die von allen Beteiligten als wohltuend wahrgenommen wird.

Die Raumgestaltung fördert oder verhindert. Je nachdem, was man will. Mit „Raum" ist aber keineswegs nur das Schulzimmer im engeren Sinne gemeint. Lernräume sind nicht an Zimmergrenzen gebunden. Das ganze Schulhaus bietet die Möglichkeit, inspirierende Lernräume zu gestalten. Mehr noch: Schulisches Arbeiten kann überall stattfinden – am Bach, im Feuerwehrmagazin oder in der Bibliothek. Der räumliche Szenenwechsel gibt Gelegenheit zu verstärkenden An- und Einsichten.

Aber auch innerhalb eines „Klassenzimmers" bieten sich unzählige Möglichkeiten, Inspirationsquellen zu schaffen. Natürlich, das Schulwandbild über einheimische Vogelarten, das seit Menschengedenken an der gleichen Stelle

hängt, ist dafür ein schlechtes Beispiel. Die Anregungsqualität lebt von der Veränderung. Die Wände und alle anderen Präsentationsflächen sind „Wechselrahmen“.
Und LernCoaches sind mithin Gestalter von bewegenden Lernumgebungen: Atmosphären-Didaktiker.

### Faktor 2: Arrangements. Oder: Man tut, was man kann

Lernen braucht Raum und Räume. Frei-Räume. Mit dem Konzept der geschlossenen Marschkolonne mag es in anderen Lebensbereichen seine Bewandtnis haben – fürs Lernen taugt es nichts. Gar nichts. Denn es ist ein Konzept der kollektiven Verbindlichkeit: Alle tun ... ! Aber wie man weiss, sind die Menschen (zum Glück) nicht so, wie schulisches Lernen manchmal daherkommt. Sie lernen selbst. Und ständig. Und vor allem: anders! Was die eine innerlich aufwühlt, ödet den anderen zum Gähnen an. Es gibt Menschen, die machen sich zuerst ein Skizze. Anderen reicht es, konzentriert zuzuhören. Dieweil dieser noch einen dritten Anlauf unternimmt, ist jenem die Sache schon längst klar. Natürlich kann man mit einem statistischen Durchschnitts-Schüler vor dem geistigen Auge das schulische Arbeiten zu gestalten versuchen. Das Resultat wird entsprechend herauskommen: durchschnittlich. Ein Leben mit arretierter Spartaste. Auf die Dauer kann dabei nichts G'scheites rauskommen. Auf die Dauer nützt nur Power.
Power – Kraft, Energie wird umso eher aufgebaut, je mehr die individuellen Ressourcen und Ziele der Lernenden mit ins Spiel gebracht werden. Je näher das Was und das Wie, desto grösser die Bereitschaft, sich damit auseinander zu setzen.

Das heisst: Abschied nehmen vom Lehrermythos „Homogenität“ und die Heterogenität als Chance und kreative

## Wenn die Schule wüsste, was die Schule weiss ...!

- Synergie

  ↳ Ressourcen nutzen

  - Eine lernende Schule verbindet vorhandene Ressourcen zu neuen Stärken.
  - Sie bezieht alle Beteiligten in die Entwicklung mit ein.
  - Die entstehenden Synergien bringen die Institution *und* die Individuen weiter.

Herausforderung packen. *Celebrate diversity* heisst auf Neudeutsch das, was man einfacher als konstruktiven Umgang mit Unterschieden bezeichnen könnte. Dieser konstruktive Umgang mit Unterschieden setzt drei Dinge voraus:

*1.) Freude am Unterschied:*
Es reicht nicht, einzusehen, dass die Lernenden unterschiedlich sind. Und es reicht nicht, diese Einsicht einfach zu akzeptieren. Es braucht mehr. Es braucht so etwas wie Freude daran, mit Menschen zu arbeiten, die ganz unterschiedliche Interessen und Fähigkeiten mitbringen, die ganz unterschiedliche Ziele anvisieren und die sich diesen Zielen auf ganz unterschiedlichen Wegen und Umwegen nähern. Man muss in konstruktiver Weise offen sein für die Verschiedenartigkeit der Spezies „Lernende“. Eben: Man muss Freude haben an diesem wilden Mix. LernCoaches gehen kreativ und konstruktiv mit Unterschieden um. Sie sind eine Art *Diversity Manager.*

*2.) Organisatorische Freiräume:*
Die Jahrgangsklasse und der Stundenplan im Dreivierteltakt sind kaum geeignete Formen, um der Individualität der Lernenden ausreichend Rechnung zu tragen. Es braucht persönliche Initiativ- und Gestaltungsräume, Zeiten, in denen das „Selbst“ das Arbeiten bestimmt. Ob es sich dabei um altersunabhängige Lern-

Das Ganze ist mehr
als die Summe seiner Teile. (Aristoteles)

- **Lernrelevante Faktoren**
  - **Lernumgebung**
  - Wie sind förderliche Lernumgebungen gestaltet? (Räume, Aussenräume, Raumorganisation, Einrichtungen, wertschätzender Umgang mit Dingen)
  - **Arrangements**
  - Wie kann individuelle Relevanz hergestellt werden? Wie werden Betroffene zu Beteiligten? (Inhaltliche Ziele und Verbindlichkeiten, Selbstwirksamkeit)
  - **Interaktion**
  - Wie kann eine wertschätzende und zielführende Interaktion gestaltet werden? (Hilfe zur Selbsthilfe, Fragenkultur, Fehlerkultur, Respekt)
  - **Auseinandersetzung**
  - Wie kann erreicht werden, dass sich Lernende vertieft mit Themen auseinander setzen? (Herausforderung, Beginnen, Time on Task, Qualität)
  - **Materialien und Tools**
  - Welche Materialien und Tools fördern den Transfer wirksam? Wie kann Erfolg „organisiert" werden? (Selbstführung, Bedeutungsgenerierung)
  - **Evaluation**
  - Welche Evaluationsformen und -kriterien wirken lern- und leistungsfördernd? (Erfolgswahrscheinlichkeit, Feedforwards, Erkenntnisgewinn)

teams handelt, um offene Arbeitszeiten, um Lernateliers, um Projekte innerhalb oder ausserhalb der Schule, spielt eigentlich keine wesentliche Rolle. Wichtig ist: Keine Alibi-Übungen! Freiräume müssen einen dominierenden Platz einnehmen, gedanklich und organisatorisch.

*3.) Individuelle Verbindlichkeiten:*
Damit organisatorische Freiräume zielführend genutzt werden, sind individuelle Verbindlichkeiten zu schaffen. Das Ende sehen, heisst eine der Devisen. Es geht darum, klare Ziele zu vereinbaren. Und es geht darum, die Bedingungen zu klären, unter denen die Ziele erreicht werden sollen. Offene Arbeitsformen sind kein Spiel ohne Spielregeln. Ob alleine, ob miteinander oder voneinander, schulisches Lernen braucht Verbindlichkeiten. Denn erst das macht es möglich, die allenfalls erforderliche Hilfe zur Selbsthilfe zu leisten.

## Faktor 3: Interaktion. Oder: Werte durch Worte

Vieles in der Schule läuft über die Sprache. Schriftlich oder mündlich. Die verbale Kommunikation spielt demzufolge eine wichtige Rolle. Doch Worte sind vergänglich, „sind Schall und Rauch", besagt das Sprichwort. Nicht minder kritisch äussert sich Reinhard Sprenger: „Am Anfang stand das Wort. Dann folgte das Missverständnis". Immerhin wird seiner Meinung nach noch etwas verstanden – wenn auch das falsche. Das lässt den Schluss zu: Ein unsorgfältiger Umgang mit der Sprache endet leicht in einem System von Schuldzuweisung und Rechtfertigung. Mit Wendungen wie „ich habe gemeint ..." oder „ich habe halt nicht verstanden ..." ist man den Schwarzen Peter flugs wieder los.

Das Ziel ist deshalb klar: Die Kommunikation dient zuerst einmal dazu, Sachen zu klären. Ob das Ziele sind, Wege dorthin, Bedürfnisse oder Bedingungen – es braucht Klarheit. Es braucht Sinn und Bedeutung. Oder anders gesagt: Werte durch Worte.
In der Buchhaltung wird unterschieden zwischen Investitionen und Aufwand. Als Aufwand wird bezeichnet, was wertmässig nicht lange hinhält. Investitionen dagegen erhalten zumindest den Wert oder vermehren ihn. Investiert wird in Werte. Und die Erwartung ist ein *„return on investment"*. Es soll also etwas entstehen aus diesen Investitionen, ob es sich nun um Sachwerte

handelt, um Beziehungen – oder um schulische Interaktion.
Hier wie andernorts gilt: Auf den Anfang kommt es an. Wenn am Anfang ein klares *Contracting* steht, ist das eine echte Investition. Denn ein gemeinsames Verständnis über Verbindlichkeiten und Verantwortlichkeiten zu Beginn senkt das Risiko nachträglicher aufwändiger Nachbesserungen.

Eigentlich plausibel: Die Relevanz nimmt erheblich zu, wenn die Kollektivbeschallung durch ein System differenzierten Lernens abgelöst wird. Aber Vorsicht: Sind die individuellen Verbindlichkeiten nicht geklärt, besteht die Gefahr, dass Bemühungen der Lernenden irgendwo in Frust oder Beliebigkeit enden.
Aber Lernen soll ja erfolgreich sein. Deshalb stehen die Lösungen im Zentrum schulischer Interaktion. Die „Lösung" ist aber nicht einfach das, was doppelt unterstrichen mit einem Gutzeichen versehen im Heft steht. Die „Lösung" beginnt weit vor dem Doppelstrich im Heft und geht ebenso weit über diesen hinaus. Im Fokus stehen die Selbstgestaltungspotenziale der Lernenden. Die Interaktion ist mithin ausgerichtet auf Hilfe zur Selbsthilfe – so viel wie nötig, aber so wenig wie möglich. Die Devise „tue dies, dann kriegst du das" wird deshalb ersetzt durch das Motto „fragen statt sagen". Fragen sitzen quasi im Vorzimmer zur Lösung. Sie sind Ausdruck von Interesse an den einzelnen Lernenden und ihren „Lösungen". Interesse ist damit Ausdruck von Wertschätzung. Worte schaffen damit Werte.
Schulische Interaktion beschränkt sich mitnichten auf das, was zwischen Lernenden und LernCoaches abläuft. Gerade in vielfältigen Formen der Zusammenarbeit und des Austauschs unter den Lernenden selber liegt ein gewaltiges Potenzial an Chancen. Ein Investitionspotenzial sozusagen. Vor diesem Hintergrund darf man dem Zufall ruhig etwas nachhelfen und gestaltend wirken. *Modeling* und *Confercing*, um nur zwei Beispiele zu nennen, sind solche Gestaltungsmöglichkeiten:

Lernende führen Elterngespräche
Ein Beispiel, wie es auch anders geht.

*Wenn mit den Eltern von 27 Schülerinnen und Schülern Einzelgespräche zu führen sind, nimmt das einige Zeit in Anspruch. Die Lehrkräfte einer Schule liessen sich deshalb etwas Spezielles einfallen. Sie bereiteten die Gespräche mit den Jugendlichen einzeln vor. Individuelle Standortbestimmungen wurden vorgenommen, Lern-, Arbeits- und Sozialverhalten an Beispielen reflektiert, Zielsetzungen formuliert.*
*In einem bestimmten zeitlichen Rhythmus wurden dann immer drei Elternpaare gleichzeitig eingeladen und von der Lehrerschaft begrüsst. Nach Begrüssung setzten sich die Lernenden mit ihren Eltern je in einen Raum und führten mit ihnen das Standortgespräch. Die Lehrpersonen hielten sich im Vorraum zur Verfügung, für den Fall, dass sich Fragen ergeben sollten.*
*Die Gespräche wurden von allen Beteiligten als sehr positiv gewertet. Die Lernenden konnten ihre Eltern kompetent informieren. Sie hatten sich ja gründlich vorbereitet. Das spezielle Setting – ein Raum in der Schule, die Lehrpersonen im Vorraum quasi auf Abruf und die kompetenten Lernenden – führte dazu, dass Eltern und Jugendliche einander wertschätzend begegneten. Und ein Nebeneffekt: Die Jugendlichen konnten die Gespräche in der Sprache ihrer Eltern führen.*
*Bilanz: Eine partnerschaftlich gestaltete Situation, die in viel kürzerer Zeit zu materiell und emotionell bemerkenswerten Resultaten geführt hat.*

Talente gedeihen am besten in einem Klima der Herzlichkeit.

- **Lernumgebung**
  - Alles ist kontextabhängig: Die Lernumgebung bestimmt das Lern- und Sozialverhalten.
  - Ein gestalteter Lernort dynamisiert ein entspanntes Leistungsklima.
  - Ziel: Der Aktivitätsschwerpunkt verlagert sich zum einzelnen Lernenden.

*Modeling* meint: Sich (einzeln oder in einer kleinen Gruppe) laut denkend mit einer Aufgabe befassen. Oder ein Gespräch zwischen Coach und Lernendem (zum Beispiel über Zielformulierungen) laut führen. Die anderen Lernenden erhalten auf diese Weise die Möglichkeit, das, was sie hören und sehen mit den eigenen Lösungsansätzen zu vergleichen und ihr Strategierepertoire zu erweitern und zu differenzieren.
*Conferencing* meint: Arbeitsergebnisse und ihr Zustandekommen in grösseren Gruppen austauschen. Die Lernenden erhalten Gelegenheit, verschiedene Ergebnisse und vor allem verschiedene Lösungsansätze kennen zu lernen. Sie erfahren, mit welchen Strategien andere an die Dinge heran- und wie sie mit allfälligen Schwierigkeiten umgegangen sind.

## Faktor 4: Auseinandersetzung: Man kann, was man tut

Lernende bringen es wöchentlich auf etwa 36 Lektionen. Das sind nach Adam Riese 27 Stunden Unterricht. Einen grossen Teil dieser Zeit verbringen sie zuhörend. Oder sie tun zumindest so. Angenommen der Anteil frontaler Beschallung macht nur die Hälfte aus. Fünfzig Prozent Frontalunterricht: Das sind dreizehneinhalb Stunden pro Woche.
Was jemand in drei Minuten zu erzählen vermag, füllt etwa eine Seite. Das heisst: In einer Stunde sind das etwa zwanzig Seiten. Und das heisst weiter: In dreizehneinhalb Stunden Frontalunterricht pro Woche macht das 270 Seiten. Vollgeschrieben natürlich.
Angenommen, die Schule dauert fünf Tage pro Woche. Dann macht das also pro Tag 55 Seiten. Für zwei gestaltete Buchseiten braucht es etwa eine vollgeschriebene A4-Seite. Das bedeutet: Lernende erhalten jeden Tag ein hundertzehnseitiges Buch vorgetragen. Jeden Tag!
Man muss sich das mal vorstellen: Da sitzen meist junge Menschen auf unbequemen Stühlen und müssen sich pro Tag ein Buch anhören.

Die Wahrscheinlichkeit, dass davon viel gelernt und verstanden wird, ist relativ klein. Denn gelernt heisst nicht, belehrt worden sein. Und gehört heisst nicht, verstanden haben.
Oder um es mit Mark Twain zu formulieren: „Eine Person, die eine Katze am Schwanz festhält, weiss bedeutend mehr über Katzen, als jemand, der nur etwas über sie gelesen hat.“ Menschen lernen durch das, was sie tun. Wer sich aktiv mit etwas auseinander setzt, mehrt also seine Chancen, dieses Etwas zu verstehen. Eine Auseinandersetzung – sich buchstäblich auseinander setzen – hat etwas mit Differenzen zu tun. Lernen braucht deshalb so etwas wie einen konstruktiven Konflikt mit sich selber, eine Art produktiver Unzufriedenheit.
Daraus entwickeln sich Lernanlässe und entsprechende Aktivitäten. Und idealerweise münden solche Aktivitäten in Aha-Erlebnisse, in dieses wohltuenden Gefühl, etwas verstanden zu haben.
Auseinandersetzungsprozesse sind gestaltbar. Beispiel: Die AKTIV-Formel. Ziel ist es, das Verstehen wenigstens an-

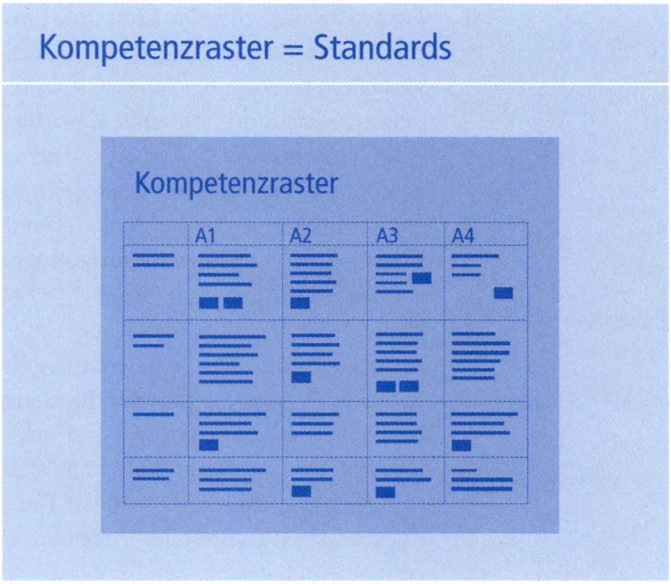


Kompetenzraster können die inhaltliche Struktur bilden. Sie definieren in Form einer Matrix die Kompetenzen eines Fachgebietes (was?) und die Qualifizierungsstufen (wie gut?). Das gibt den Lernenden die Möglichkeit, sich zu orientieren. Denn Kompetenzraster beschreiben, was man können könnte.

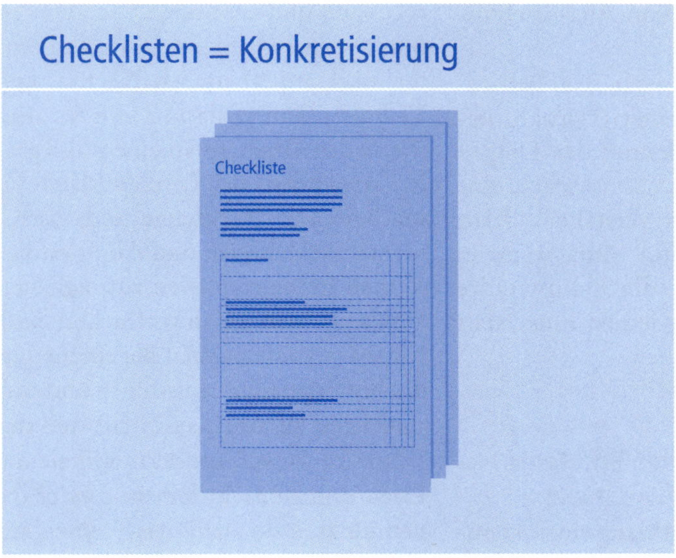


Die einzelnen Felder eines Kompetenzrasters sind ausdifferenziert in Form einer Checkliste. Als Lernzielkatalog formuliert machen sie deutlich, was unter den eher allgemein gehaltenen Beschreibungen im Kompetenzraster („Ich kann mich in Alltagssituationen verständigen“) im Einzelnen zu verstehen ist.

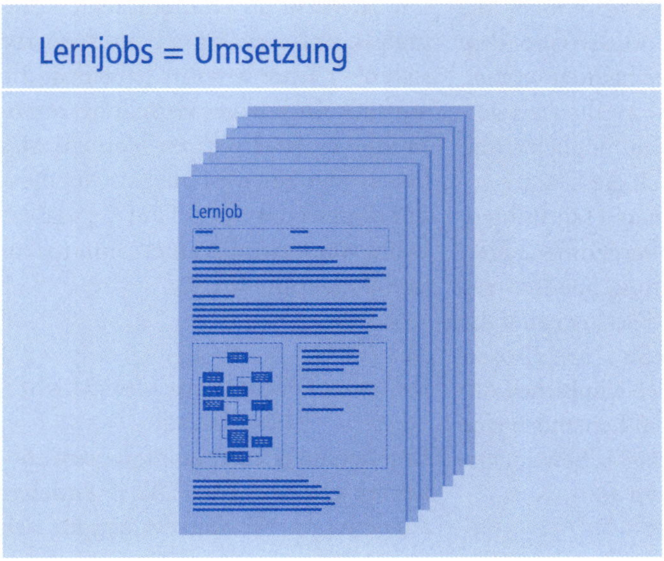


Eine spezielle Form von Aufgaben sind die so genannten LernJobs *(Müller 2004)*. Mit LernJobs wird das Ziel verfolgt, dass sich Lernende vertieft und auf vielfältige Weise mit relevanten Fragen auseinander setzen. Sie tun dies themen- und fachübergreifend, in unterschiedlichen Sozialformen und unter Nutzung eines möglichst vielfältigen Methodenrepertoires.

Lernen ist ein sich selbst fördernder Prozess.

- **Arrangements**
  - Betroffene zu Beteiligten machen – zu Unternehmern ihrer selbst
  - Austausch: Menschen voneinander und miteinander lernen lassen
  - Relevanz: Individuelle Verbindlichkeiten ermöglichen massgeschneidertes Lernen

satzweise zu operationalisieren. Lern-Coaches verstehen sich mithin als eine Art Geburtshelfer von Aha-Erlebnissen.
Die Erfahrungen zeigen, dass Lernende sich auf diese Weise viel strukturierter und zielführender mit den Dingen auseinander setzen. Sie entwickeln eine Art Systematik des Verstehens. Klar: Verstehen macht nur Sinn, wenn es Sinn macht. Wer die Hauptstädte Europas auswendig lernen muss, darf nicht verstehen wollen.

### Faktor 5: Materialien und Tools. Oder: Gewusst wie

Wer als einziges Werkzeug einen Hammer kennt, für den ist jedes Problem ein Nagel. Aber eben, es gibt nicht nur Nägel. Deshalb: „Handle stets so, dass die Anzahl der Möglichkeiten wächst. ... Denn je grösser die Freiheit ist, desto grösser sind die Wahlmöglichkeiten und desto eher ist auch die Chance gegeben, für die eigenen Handlungen Verantwortung zu übernehmen. Freiheit und Verantwortung gehören zusammen." Heinz von Foerster nennt das den „ethischen Imperativ". *(von Foerster 1999)* Umgesetzt in den schulischen Alltag heisst das: Biete den Lernenden eine Vielzahl von Entfaltungs-, Bewegungs- und Wahlmöglichkeiten an!

Lernen als individueller Konstruktionsprozess basiert auf entsprechend individuellem Gestaltungshandeln. Das bedeutet: Lernende brauchen Optionen – auch methodischer Art. Sie brauchen eine Art Werkzeugkiste. Und sie brauchen Anregungen wie mit den Werkzeugen sinn- und lustvoll umgegangen werden kann.

Ein Ziel schulischen Arbeitens besteht ja darin, Wissen zu generieren. Generieren – etwas erschaffen – erfordert Fertigkeiten und Fähigkeiten. Je vielseitiger umso besser. Das heisst: Kreatives und wirkungsvolles Arbeiten ist gefragt. Auch das müssen Lernende lernen. Und auch dafür brauchen sie Anregungen und Optionen. Gemeint ist nun aber gerade nicht ein Fach „Lerntechnik" am Mittwoch Nachmittag. Vielmehr geht es darum, die Art und Weise des Arbeitens zu einem integralen Bestandteil der Lernlandschaft zu machen. Die Werkzeuge und Instrumente nachhaltigen und damit erfolgreichen Lernens müssen zur täglichen Praxis gehören. Es muss für Lernende selbstverständlich sein, über ein methodisches Repertoire zu verfügen und entsprechend zu arbeiten. Nicht weil der Lehrer es so will, sondern weil sie die Erfahrung gemacht haben, dass es ihnen nützt. Und auch: dass Lernen auf diese Weise mehr Spass macht.
Die Auswahl an methodischen Anregungen ist ja gewaltig. Lernformen, die sich über Jahre bewährt haben, sind – auch im Zuge neuer Forschungsergebnisse – laufend ergänzt worden. Das heisst: Eigentlich ist alles da. Es muss nur eingesetzt werden. Und das passiert dann, wenn es individuell Sinn macht und Bedeutung hat.

### Faktor 6: Evaluation. Oder: Macht Fehler, Leute!

Evaluieren bedeutet etymologisch „bewerten und beurteilen". Es ist entlehnt aus dem französischen évaluer, das sich

aus dem lateinischen *valére* („die Kraft haben, bei Kräften sein, kräftig sein") ableitet. Evaluieren trifft mithin eine Aussage zur Wertigkeit eines Geschehens oder eines Ergebnisses.
Im schulischen Kontext ist klar, was evaluieren heisst. „Bewertung und Selektion bilden den Hintergrund aller Unterrichtssituationen. Sie können bestenfalls zeitweilig ausser Kraft gesetzt werden. Solang sie jedoch in Form von Klassenarbeiten, Klausuren, Prüfungen, Zeugnisvergabe in kurzen Intervallen immer wieder eine Rolle spielen, strukturieren sie auch die verbleibende Zeit", stellen Boenicke, Gerstner und Tschira fest. Das führt sie zur Befürchtung, „dass Lernen stets in Gefahr ist, vom Gut/Schlecht-Code der Bewertungssituationen präformiert zu werden: Umwege und Fehler, aus denen man lernen könnte, müssen vermieden werden, kurzfristig abrufbare Produkte werden wichtiger als Lernprozesse." *(Boenicke/Gerstner/Tschira 2004)* Mit anderen Worten: Der Kommastellen-Fetischismus der Schule verhindert eigentliches Lernen. Er macht schulisches Lernen zu einem Dressurakt aus Auswendiglernen und Abfragen. Niklas Luhmann stellt einen Vergleich zu trivialen Maschinen her: „Auf eine Frage geben sie, wenn richtig programmiert, die richtige Antwort" und zwar zu jedem Zeitpunkt dieselbe. Das führt ihn zur Erkenntnis: „Trivialmaschinen kann man auf Fehler hin beobachten und anhand von fehlerhaftem bzw. fehlerfreiem Operieren selektiv behandeln." *(Luhmann 1986)* Lernende orientieren sich in schulischen Situationen in erster Linie an dem, was erforderlich ist, um Belohnungen (in Form guter Noten) zu erhalten oder um Bestrafungen zu vermeiden. Nach gleichem Muster funktioniert die Dressur von Tieren. Man spricht dabei von zurichten und abrichten ...
Eine Enttrivialisierung von Schule beginnt folglich dort, wo „Schule" üblicherweise endet: bei Noten und Prüfungen. Denn: „Die Erziehung zur Mündigkeit verliert sich im Kulissenlernen, der Bildungsauftrag gerät zum Leistungsparcours nach vorgefertigtem Schema. In jedem Fall jedoch findet Lernen statt, nämlich bezüglich der Selbstinszenierungstechniken, die erforderlich sind, um in diesem Schulsystem zu bestehen." *(Boenicke/Gerstner/Tschira 2004)*

**Wer hohe Türme bauen will, muss lange am Fundament arbeiten.**

- **Interaktion**
  - Sachen klären (Ziele, Wege, Bedürfnisse): Investition „vorne" spart Aufwand „hinten".
  - Menschen stärken: Lösungsorientierte Hilfe zur Selbsthilfe folgt der Logik des Gelingens.
  - Ergebnisse wertschätzen: Erfolge machen offen für neue Lern-Erfahrungen.

Evaluation nach dem Muster „erledigen", „abgeben", dann auf das Urteil warten und – je nachdem – triumphieren, resignieren oder noch ein bisschen feilschen, ein solches Muster dient in keiner Weise wirklichem Verstehen und der Förderung von Eigenständigkeit. Im Gegenteil!
Prüfung und Benotung sind sinnvollerweise vom Unterricht (und den entsprechenden Personen) zu trennen. Standardisierte Leistungsmessungen können unter gewissen Bedingungen zwar durchaus Sinn machen. Sie sind aber als externes System zu installieren, das mit der Arbeit in der Schule nicht in direktem Zusammenhang steht.

In erster Linie sind die Lernenden selber in die Evaluationsprozesse einzubeziehen. Dazu müssen sie über verständliche und transparente Referenzwerte verfügen. Ein Beispiel: Kompetenzraster (siehe auch Seite 47): Kompetenzraster und die zugehörigen Ausdifferenzierungen beschreiben, was jemand kann. Oder können könnte.

## Lernrelevante Faktoren

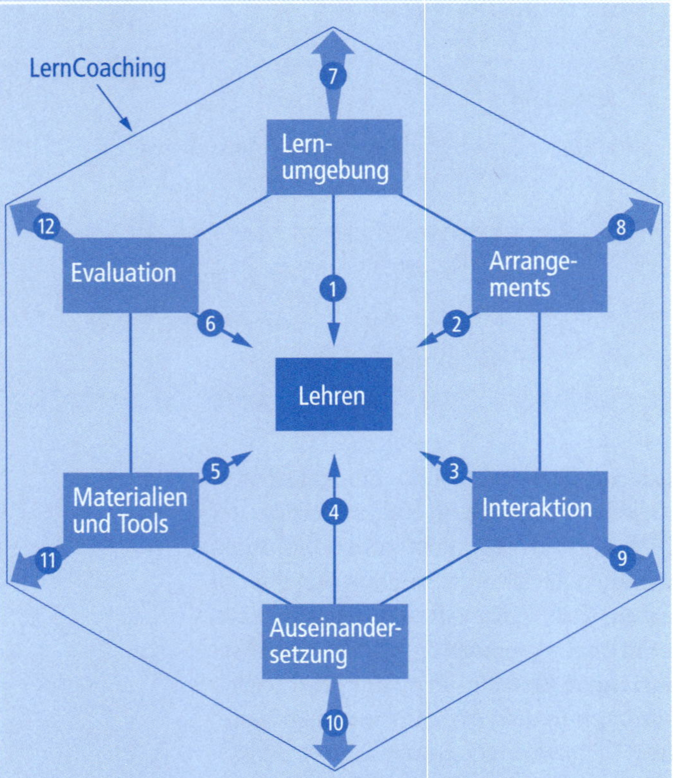


1. Klassenzimmer. Orientierung nach vorne
2. Fächer. Stundenplan. Lektionen. Jahrgangsklassen
3. Frontalunterricht
4. «Kulissenlernen». Auswendig. Prüfungswissen
5. Lehrmittel. Chronologisch. Arbeitsblätter
6. Prüfungen. Noten
7. offene Lernräume. Vielfältige Inspirationsquellen. Aussenwelt
8. Unterschiede als Ressourcen. Offene Arbeitszeiten
9. Individuelle Verbindlichkeiten. Fragen statt sagen.
10. Verstehen. Aus etwas Fremdem etwas Eigenes machen.
11. Methodenvielfalt. Learning Skills
12. Fehler als Lernchance. Referenzieren (z.B. Kompetenzraster)

Sie tun das in abgestufter Form und zeigen Entwicklungshorizonte auf. Und sie bieten damit inhaltliche Orientierung. Zudem: Beschreibungen in „Ich kann ...“-Formulierungen orientieren sich am archimedischen Punkt des Lernprozesses. *(Müller 2002/2004)*
Eben: Ich kann! Ausgangspunkt ist immer das, was man kann.
Ausgehend vom „Wert“ im Begriff „Evaluieren“ gilt es, zuerst einmal die Leistungen von Lernenden wertzuschätzen. Es geht darum zu erkennen, was da ist. Und was man daraus machen könnte. Fehler sind so gesehen nicht die Wegmarken auf dem Pfad ins schulische Elend, sie geben Anlass zu Fragen und sind Lernchancen. Das heisst auch: Was „fertig“ ist, ist nur der Beginn von etwas Neuem. Aus der einen Arbeit entstehen quasi automatisch die nächsten.
*The end is where we start from.* Professionelle Feedbacks helfen den Lernenden, Produkte und Prozesse aus anderer Perspektive zu betrachten. Und helfen, das eigene Sein und Tun zu reflektieren.
Reflexion orientiert sich an Fragen wie: Was ist gelungen? Was lerne ich daraus? Was kann ich anders/besser machen? Was könnte mir dabei helfen? Erst wer sich für die Wirkungen seines Tuns interessiert, kann lernen, wie er wirkt.

Sich für die Wirkungen des Tuns zu interessieren, das setzt den Aufbau einer Kultur voraus, in der es nicht darum geht, das, was getan wird, möglichst rasch loszuwerden. So nach dem Motto: Aus den Augen, aus dem Sinn. Ein wertschätzender Umgang mit Leistungen führt letztlich zu einem konstruktiven Verhalten und zu einem entspannten Interaktions- und Leistungsklima. Die Bedingung ist klar: Mehr Förderung. Weniger Selektion. Es geht darum, Abschied zu nehmen von der Rechtfertigungsmentalität und stattdessen Ideen davon zu entwickeln, wie etwas gehen könnte.

# 3

## Vielfalt ist nur dort ein Problem, wo Einfalt herrscht.

## 3.1 Lernen ermöglichen

Eine endlose Prärie. Am Horizont taucht eine Postkutsche auf. Sie zieht ein lange Staubfahne hinter sich her. Der Kutscher knallt mit der Peitsche und treibt die Pferde an. Denn die Posträuber und Indianer, die in jedem Film dieses Genres hinter Büschen oder Felsen lauern, sollen seiner nicht habhaft werden.

Die Kutsche – englisch: „*coach*" – ist sowohl sprachlicher wie sinnbildlicher Ursprung des *Coachings*. Das ist nachvollziehbar: Mit der Kutsche machte man sich auf den Weg, um ein Ziel zu erreichen – allen Wegelagerern und aller sonstigen Unbill zum Trotz.

Gebräuchlich war und ist der Begriff aber vor allem im Sport. Coaches unterstützen Einzelsportler oder Teams dabei, erfolgreich zu werden (und zu bleiben). Erst vor ein paar wenigen Jahrzehnten tauchte Coaching dann als Modell für Betreuungs- und Beratungsprozesse im Management auf.

„Der wissenschaftlich verstandene Fachbegriff ‚Coaching' benennt eine spezifische Form professioneller Beratung und Begleitung, deren Fokus grundsätzlich auf die berufliche Praxis des Ratsuchenden (hier: Coachee) gerichtet ist. Historisch originär ist Coaching eine professionelle Beratung von Führungskräften mit der basalen Zielsetzung der Förderung beruflicher Selbstgestaltungspotenziale (Selbstmanagement)." Oder kurz: „Das Ziel ist, dem Coachee seine Selbstregulierungsfähigkeiten wiederzugeben und damit sein Selbstmanagement zu optimieren." *(Pallasch/Petersen 2004)*

Ob im Wilden Westen, auf dem Fussballfeld oder im Büro: Coaching hat offensichtlich zum Ziel, Menschen zu unterstützen.

Reisen, rennen oder rechnen müssen sie selber. Aber der Coach hilft ihnen dabei, es erfolgreich(er) zu tun.

Diesem Muster folgend, bezieht sich LernCoaching auf den Lernerfolg. Aber eben: eine Art und eine Qualität von Erfolg, die mit der üblichen Kurzzeitgedächtnisakrobatik nichts zu tun hat. Denn LernCoaching zielt auf Leistungen weitab des gängigen Bulimie-Lernens.

Damit ist klar: LernCoaching ist explizit *keine* Reparaturwerkstätte. Es geht genau *nicht* darum, in der Schule weiterzufahren wie bis anhin – und dann für jene, die Probleme haben oder machen, eine Art Auffang- und Notfallstation zu installieren, die man zum Zwecke höherer Sozialverträglichkeit „LernCoaching" nennt. Es geht auch *nicht* um ein begriffliches Facelifting von Nachhilfe-Unterricht. Es geht ebenfalls *nicht* um eine versteckte Form von Selektion. Und es geht schon gar *nicht* darum, die ohnehin übertherapierte (Schul-)Gesellschaft mit einer neuen Schön-haben-wir-darüber-gesprochen-Funktion zu beglücken.

LernCoaching geht ganz einfach davon aus, dass Schule nicht mehr wie Schule aussieht. Dass Schule sich nicht mehr wie Schule anhört. Dass Schule nicht mehr wie Schule ist. Und weil Schule nicht mehr wie Schule ist, gibt es eben auch nicht mehr die Dualität von Lehrer und Schüler. Mit dem Wandel der Schule geht ein Wandel der Rollen einher. Ansichten, Einsichten, Aufgaben, Verantwortlichkeiten verändern sich. Und zwar von Grund auf. Und damit stellt sich natürlich die Frage: Ja was zum Teufel tut denn ein Lehrer, wenn er nicht lehrt?

Ganz einfach: Er ist zum Beispiel LernCoach. Und für einen LernCoach steht nicht der „Stoff" im Zentrum, sondern die Lernenden und ihr Lernen. LernCoaching ist eine supportive, eine subsidiäre Tätigkeit. Die Aktivitäten – angefangen bei der Gestaltung einer inspirierenden Lernumgebung bis hin zu einer lösungsorientierten Interaktion – orientieren sich am Ziel, wirksame und

nachhaltige Lernprozesse zu fördern. „Beim LernCoaching geht es also um den Aufbau und die Verbesserung individueller Kompetenzen und persönlichen Wissensmanagements sowie um die damit verbundenen Lernprozesse im Blick auf ihre Ökonomie, ihre Strukturiertheit, ihre Selbstregulation und ihre Sicherung.“ *(Hameyer 2004)*
Lernende sollen sich durch die Schule und in der Schule fit fühlen. Sie sollen die Überzeugung aufbauen, ihr Leben erfolgreich gestalten und den Anschluss an relevante Lebenssituationen finden zu können. Wirkungsvoll unterstützt werden diese Prozesse unter anderem durch antizipatives, partizipatives und reflexives Denken und Handeln.

### Erfolgswahrscheinlichkeit erhöhen. Oder: Morgen beginnt heute

Ein wesentliches Ziel von LernCoaching besteht gleichsam darin, antizipatives Denken und Handeln zu fördern. Oder anders gesagt: Die Erfolgswahrscheinlichkeit zu erhöhen. Ausgangspunkt ist eine konstruktive Zusammenarbeit auf der Basis von Wertschätzung und Respekt. Das verlangt nach Transparenz und Verlässlichkeit.
Das heisst nun aber: den Lernenden die Möglichkeit zur inhaltlichen Orientierung bieten, Referenzwerte schaffen. Ob Kompetenzraster, Standards oder Indikatorenlisten spielt weniger eine Rolle. Wichtig ist: Kontinuität in der Klarheit darüber, wer was erwartet. Und weshalb. Das schafft die Voraussetzungen dafür, Rahmen abzustecken, Ziele zu vereinbaren, innere Bilder zu gestalten, Bedingungen zu klären und ein entsprechendes *Contracting* einzugehen. Diese Investition in die Ausgangslage wirkt sich positiv auf den Prozess aus. Und auf das Ergebnis. Denn, davon ist Uwe Hameyer überzeugt, „die Qualität des Lern- und Coachingprozesses entscheidet massgeblich über die Qualität des Ergebnisses. Gelingt

## Referenzieren (1. Grades)

Referenzieren heisst: eine Leistung mit einem Referenzwert in Beziehung bringen:

- Die Aktivitäten der Lernenden finden ihren Niederschlag (ihre Referenz) in den entsprechenden Rubriken der Kompetenzraster.
- Zu diesem Zwecke präsentieren die Lernenden ihre Arbeit dem Coach und schlagen vor, wo diese Arbeit in den jeweiligen Kompetenzrastern einzuordnen sei.
- Farbige Klebepunkte machen deutlich, welchen Kriterien und Qualitätsmerkmalen eine Leistung entspricht.
- Durch diese Punkte entstehen mit der Zeit differenzierte Kompetenzprofile in den jeweiligen Fachbereichen.
- Den Leistungen wir damit eine Reverenz erwiesen, eine Wertschätzung. Jeder Schritt ist ein sichtbarer Fort-Schritt.

ein gutes, konsequentes und zielführendes LernCoaching, dann ist es sehr viel leichter, die Ziele im Sinne von Indikatoren, die möglichst früh im Lernprozess formuliert sind, zu erreichen." *(Hameyer 2004)*
Ziele sind eine Art Meilensteine auf dem Weg erfolgreichen Lernens. Damit ist klar: LernCoaches sind in der Lage, mit den Lernenden individuell relevante Ziele zu vereinbaren und entsprechende Verbindlichkeiten einzugehen. Ein Stichwort dazu heisst: Verbalisierungsfähigkeit. Denn die Arbeit an der Sprache ist Arbeit am Gedanken. LernCoaches fördern und fordern deshalb sprachliche Klarheit als Ausdruck gedanklicher Klarheit.

Dabei orientieren sich LernCoaches am Prinzip „morgen beginnt heute". Entsprechend sind sie in der Lage, zielführende Klärungsarbeit zu leisten. Klären und ermutigen heisst mithin die Devise.

## Gelingen unterstützen. Oder: Der Appetit kommt beim Essen.

Schulische Arbeiten sollen anspruchsvoll sein und einen grossen Spielraum für individuelles Erforschen und Entdecken lassen. Denn wenn aus Betroffenen Beteiligte werden sollen, müssen sie dazu überhaupt erst die Gelegenheit erhalten. Es nützt nichts, Ziele zu haben und sie zu formulieren, wenn das zeitliche und organisatorische Korsett Luft und Lust abstellt. Schulische Settings sind mithin so zu gestalten, dass sie eine Beteiligung *bei* der Arbeit ebenso möglich machen wie eine Beteiligung *an* der Arbeit. Die Arbeiten und Arrangements müssen Sinn und Nutzen stiften. Und „Nutzen" ist ja etymologisch auf die gleichen Wurzeln zurückzuführen wie „geniessen". Die Arbeit darf also ruhig auch lustbetont sein. Das hängt nicht zuletzt davon ab, dass sich Gelingens-Erfahrungen einstellen. Zum Beispiel das wohltuende Gefühl, einen Schritt weiter zu sein. Ei-

### Referenzieren (2. Grades)

- Die entstehenden Profile spiegeln die Qualität und die Quantität der Leistungen im jeweiligen Fachbereich.
- Sie zeigen damit direkt und unmittelbar, was ein Lernender an Leistungen erbracht hat (Performanz).
- Damit ist eine Referenzierung zweiten Grades möglich: Der Vergleich des eigenen Stärken-Schwächen-Profils mit Anforderungsprofilen weiterführender Ausbildungsstufen.
- Die sich aus diesem Vergleich ergebenden Differenzen (IST – SOLL) machen den Handlungsbedarf in anschaulicher Weise deutlich.
- Entsprechend lassen sich Akzente setzen und Programme gestalten, die der individuellen Situation und den individuellen Bedürfnissen Rechnung tragen.

nen Schritt. Den ersten. Ein manchmal schier unüberwindbares Hindernis auf dem Weg zum (schulischen) Erfolg ist dieser verdammte erste Schritt.
„Wenn ich mehr Zeit habe, werde ich die Blätter ordnen." Falsch! Wenn jemand mitkommt, werde ich anfangen zu joggen." Nein! „Wenn ich Ruhe habe, werde ich mich der Lektüre zuwenden." Vergiss es! Die Begeisterung für eine Tätigkeit kommt nach dem Beginn. Nach! Die Energie stellt sich ein als Folge des Engagements. Die Motivation entwickelt sich durch das Tun. Der Appetit kommt beim Essen. Konzentration und innere Präsenz sind nicht die Voraussetzung für erfolgreiche Lernprozesse – sondern ein Resultat davon. Auf innere Präsenz kann man nicht warten, um dann mit der Arbeit zu beginnen. Es läuft genau umgekehrt.
Das ganze Geheimnis besteht darin, einen Anfang zu machen. Dazu braucht es den ersten Schritt. Und genau dieser Schritt, so klein er auch sein mag, macht den Unterschied. Deshalb leistet ein LernCoach besonders wirkungsvolle Arbeit, wenn es ihm gelingt, das Beginnen zu initiieren.

Die Prozessbegleitung oszilliert dann zwischen Instruktion und Induktion *(Hameyer 2004)*, sich orientierend an den individuellen Entwicklungsschritten. Dabei nimmt der LernCoach die Rolle eines Sparringpartners ein. Er achtet auf die Deutungs- und Problemlöseversuche der Lernenden, „gibt ihnen laufend Rückmeldungen und hilft ihnen durch Hinweise

**Der Wurm muss dem Fisch schmecken, nicht dem Fischer.**

- Aufgabe der Schule ist es, erfolgreiches Lernen zu ermöglichen.
- Lernen ist nicht einfach die Rückseite von Lehren.
- Lernen ist untrennbar verbunden mit dem Wort „selbst".

## Der Mensch lernt selbst und ständig.

- Wer erfolgreiches Lernen fördern will, leistet Hilfe zur Selbsthilfe.
- Diese subsidiäre Begleitung verlangt nach einem entsprechenden Rollenverständnis.
- **LernCoaches** fordern das Gelingen heraus.

und erneutes ‚modeling', ihre Leistungen zu verbessern." *(Beck/Zutavern/Guldimann 1996)* Zudem bietet der LernCoach situationsadäquate Strukturierungshilfen und gibt den Lernenden Gelegenheit, ihre Aktivitäten und Erkenntnisse zu verbalisieren. „Die Schüler sollen erleben, dass sie unter Einsatz ihres Wissens in Kombination mit geeigneten Strategien die Situationen kontrollieren können, sofern sie sich anstrengen. Das Erlebnis, einen Sachverhalt gründlich zu verstehen, erfüllt die Schüler mit tiefer Befriedigung, wirkt sich günstig auf ihre Selbstwirksamkeitsüberzeugungen aus und steigert ihre Motivation." *(Beck/Zutavern/Guldimann 1996)*

Eine differenzierte Hilfe zur Selbsthilfe trägt wesentlich dazu bei, dass Verbindlichkeiten eingehalten werden können. Daraus entsteht aber auch eine Pflicht für LernCoaches: Verbindlichkeiten einzufordern. Das erfordert hin und wieder den Mut zu konstruktiver Unpopularität. Gleichzeitig ist es aber eine wirkungsvolle Form, Lernenden zu zeigen, dass sie ernst genommen werden.

### Erkenntnisse nutzbar machen. Oder: The end is where we start from

Schulische Arbeiten dienen dem Ziel zu lernen, also Wissen, Fertigkeiten und Einstellungen zu generieren. Integraler Teil des Lernprozesses ist es deshalb, Ergebnisse und ihr Zustandekommen zu reflektieren. Eine Arbeitsrückschau, mit Einzelnen oder in Gruppen, bietet Gelegenheit, unterschiedliche Wege zum Ziel und den Umgang mit allfälligen Schwierigkeiten und Fehlern zu diskutieren. Es geht aber auch und vor allem darum, Schlüsse zu ziehen und aus den Erkenntnissen Strategien abzuleiten für zukünftiges Lern- und Arbeitsverhalten.

Glaubt man Nietzsche, ist „jede Erkenntnis ein Identifizieren des Nichtgleichen." Differenzen und Unterschiede wären demnach das Übungsgelände für den Erkenntnisgewinn.

LernCoaches geben folglich den Lernenden Gelegenheit, Vergleiche zu ziehen. Sie können das in Gesprächen machen, zum Beispiel mit Skalierungsfragen. Damit positionieren sich die Lernenden auf einer Art innerer Skala selber. Wichtig ist aber nicht die Position, die sie ihrer Leistung geben. Wichtig ist vielmehr die Differenz zum Ergebnis, das sie erreichen möchten – und die Konsequenzen, die sich daraus ergeben.

Vergleichsmöglichkeiten bieten natürlich auch formulierte Zielsetzungen. Und hier zeigt sich dann: Je klarer und präziser die Ziele formuliert worden sind, desto einfacher ist es, entsprechende Vergleiche zu ziehen. Klare Beschreibungen dessen, was man können kann, erleichtern den Vergleich. Sie geben die Möglichkeit zu erkennen, ob dort, wo Armani draufsteht, auch Armani drin ist. Denn sie beziehen sich – im Gegensatz zum Gerangel um die besseren Plätze auf der Notenskala – auf konkrete Inhalte.

Solche inhaltsbezogenen Könnensbeschreibungen sind als individuelle Vergleichswerte formuliert in Indikatorenlisten oder – in aufsteigenden Anforderungsstufen – in Kompetenzrastern. Solche Instrumente ermöglichen es allen Beteiligten, Prozesse und Produkte mit „neutralen“ Referenzwerten in Beziehung zu bringen und eine Art Diagnose zu erstellen. Eine Förderdiagnose!

Schriftlich formulierte Vergleichswerte bilden eine der Grundlagen für eine kompetenzorientierte (im Gegensatz zu einer selektionsorientierten) Lernkultur. Lernen findet dann eben nicht in einem verminten und fallendurchsetzten Gelände von Noten und Prüfungen statt. Nein: Es gilt das Prinzip von Offenheit und Transparenz. Das schafft Vertrauen. Ein Vertrauensklima ist ein angstfreies Klima. Und das wiederum schafft die Voraussetzungen für eine konstruktive Feedback-Kultur.

**Wer nicht Teil der Lösung ist, ist meistens Teil des Problems.**

- Im Mittelpunkt stehen die Lernenden und ihr Erfolg (Anschlussfähigkeit).
- Ein LernCoach unterstützt Lernende dabei, ihre Kompetenzen zu erweitern.
- Er fördert antizipatives, partizipatives und reflexives Denken und Handeln.

## 3.2 Vielfalt statt Einfalt

„Die Sonderschulen der Schweiz platzen aus den Nähten, und obschon das Angebot laufend ausgebaut wird, werden die Wartelisten länger und länger. Heilpädagogen sind begehrt wie nie. Der Kanton Zürich zählt mehr als 40 Prozent mehr Sonderschüler als Anfang der neunziger Jahre, im Kanton Aargau stieg ihre Zahl zwischen 1997 und 2000 um 22 Prozent", hat Daniela Niederberger für die *Weltwoche* recherchiert. Und weiter: „Der Anteil jener Schüler, die ohne Probleme die Schule durchlaufen, sinkt rasant. Im Kanton Zürich wird bereits jedes zweite Kind in der Primarschule sonderpädagogisch betreut." Lakonisch stellt sie fest: „Und so wird Dragan zur Legasthenie-Lehrerin geschickt, weil er schlecht liest; Sven zur Logopädin, damit er flüssig reden lernt; und Laura in die Rhythmik, die der ‚Verbesserung der Sinneswahrnehmung und des Körper- und Raumgefühls' dient, wie einem Merkblatt für die Schulpflegen zu entnehmen ist. Simone geht in die Dyskalkulie-Therapie, weil bei ihr eine ‚Störung im Erwerb und in der Beherrschung der mathematischen Symbolsprache' diagnostiziert wurde. Und der unruhige, gehemmte Jan schliesslich hat einmal pro Woche Psychomotorik-Stunde. Dort darf er aus Schaumstoff-Elementen Höhlen bauen, um Raum und Geborgenheit zu erleben, oder an der Kletterwand seine körperliche Kraft wahrnehmen. Im Merkblatt heisst es: ‚Psychische Verkrampfungen und Hemmungen sollen indirekt über körperliche Harmonisierung angegangen werden'." *(Niederberger 2005)*

Schulentwicklung ist ja durchaus trendig. Und die Schule hat sich tatsächlich entwickelt: Zu einer Verteilzentrale für sonderschulische Massnahmen und Therapien. Die Lehrer amtieren dabei als Platzanweiser für Schulkarrieren. Allen edlen und schöngeistigen Worten zum Trotz ist die Schule geblieben, was sie im Grunde der Dinge schon immer war: eine Selektionsinstanz. Nur nimmt sie diese Selektionsfunktion heute vielleicht ein bisschen subtiler wahr. Das Aussortieren hat bedeutsam klingende Namen erhalten. Schule ist eine Diagnose. ADHS und andere Abkürzungen helfen allen Beteiligten – Lehrpersonen und Eltern, ja sogar schon den Kindern – das Problem auf neutralem Terrain dingfest machen zu können. Eigentlich kann niemand etwas dafür. Von wegen! Ein System, das sich an einem imaginären Durchschnitt orientiert, ist implizit auf Misserfolg programmiert.

### Arbeit am System

Die Schule muss ein integrativer Ort sein. Vielfalt ist nämlich nur dort ein Problem, wo Einfalt herrscht. Denn Unterschiede wären eigentlich eine Riesenchance. Aber es braucht ein System, das Vielfalt entsprechend kultiviert. LernCoaching ist deshalb auch und gerade Arbeit *am* System. LernCoaches warten vielleicht auf das nächste Tram. Oder auf den Sommer. Aber sie warten nicht darauf, dass irgend jemand ihnen optimale Rahmenbedingungen gibt. Sie tun es selber. Denn sie halten es wie George Bernhard Shaw: „Man gibt immer den Verhältnissen schuld für das, was man ist. Ich glaube nicht an die Verhältnisse. Diejenigen, die in der Welt vorankommen, gehen hin und suchen sich die Verhältnisse, die sie wollen, und wenn sie sie nicht finden können, schaffen sie sie selbst."

Ein Teil der Arbeit von LernCoaches besteht mithin darin, die Schule so umzugestalten, dass ein LernCoaching überhaupt erst möglich und sinnvoll ist.

- Sie gestalten die Lernumgebungen so, dass erfolgreiches Lernen über-

haupt erst möglich ist. Sie sind Gestalter von Ermöglichungs-Strukturen.
- Sie organisieren Arrangements, in denen Vielfalt als Ressource genutzt wird. Sie unterstützen das individuelle Kompetenzmanagement der Lernenden zielführend.
- Sie interagieren mit den Lernenden – einzeln oder in Gruppen – lösungs- und entwicklungsorientiert. Sie sagen nicht, sie fragen.
- Sie initiieren und begleiten die Prozesse des Sich-Auseinandersetzens. Sie fördern damit eine eigentliche Lust am Verstehen.
- Sie bieten Möglichkeiten, damit die Lernenden Werkzeuge und Methoden erproben und ihr Strategie-Repertoire erweitern können.
- Sie schaffen Transparenz, damit Lernende sich an klaren Referenzwerten orientieren können. Das ist Grundlage einer konstruktiven Feedback-Kultur.

Sie verstehen sich als *Change Agents*. Denn, so Michael Fullan, „in dieser Welt ist der Wandel ein Ausdruck *des Lebens selbst*, das von einigen Menschen besser gemeistert wird als von anderen, weil sie wissen, wie man Veränderungen erkennt, bewältigt, initiiert, auch wenn es für niemanden vollkommenes Glück oder ungetrübte Harmonie gibt.“ Deshalb ist für Michael Fullan klar: „Für die künftige Entwicklung der Gesellschaft wird es besonders wichtig sein, dass Lehrer über die notwendigen Fähigkeiten verfügen, um Veränderungen zu bewältigen, daraus zu lernen und ihren Schülern diese Fähigkeiten zu vermitteln. Bis jetzt sind die Lehrer nicht in der Lage, diese wichtige Rolle zu übernehmen.“ *(Fullan 1999)*
Hoppla!
Damit ist klar: LernCoaches müssen unbequeme Zeitgenossen sein. Sie verabschieden sich vom hartnäckigen Mythos, dass Zusammenarbeit Konsens erforde-

Die Autorität des Lehrers schadet oft denen, die lernen wollen. (Marcus Tullius Cicero)

- **ANTIZIPATION: Erfolgswahrscheinlichkeit erhöhen**
  - Wertschätzung entgegenbringen (Vertrauensbasis)
  - Orientierungsrahmen schaffen (Referenzwerte)
  - Ziele vereinbaren (innere Bilder)
  - Bedingungen klären (Contracting)
- **PARTIZIPATION: Gelingen unterstützen**
  - Relevanz herstellen (Sinn stiftende Arrangements)
  - Beginnen initiieren (Next Practice)
  - Support leisten (lösungsorientierte Interaktion)
  - Verbindlichkeiten einfordern (ernst nehmen)
- **REFLEXION: Erkenntnisse nutzbar machen**
  - Ergebnisse und ihr Zustandekommen reflektieren
  - Schlüsse ziehen (z.B. Skalierung)
  - Erfolgsstrategien ableiten (Selbstwirksamkeit)
  - Schritte einleiten (Follow-ups)

Wer hohe Türme bauen will, muss lange am Fundament arbeiten. Das heisst: Auf den Anfang kommt es an. Die Energie, die am Anfang nicht als *Investition* geleistet wird, muss später als *Aufwand* vertan werden. Oder anders gesagt: Wer am Fundament spart, baut einen Sanierungsfall. Auch Lernen ist eine Baustelle. Damit schulisches Lernen nicht zum Sanierungsfall wird, braucht es Arbeit am Fundament der Lernkompetenz.
LernCoaching versteht sich deshalb zuerst einmal als jene unspektakuläre Arbeit, die in der Baugrube stattfindet. Wenn das Fundament einmal steht, lässt sich darauf aufbauen. Je breiter und stabiler das Fundament, desto mehr Optionen und Gestaltungsmöglichkeiten bieten sich für den Hochbau. Für die sinnlich wahrnehmbaren Ergebnisse.

re. Sie schneiden alte Zöpfe ab und führen heilige Kühe zur Schlachtbank. Sie wissen, dass die Welt sich verändert. Und sie wollen, dass die Schule – als Teil dieser Welt – sich mitverändert. Denn das Ziel von LernCoaches ist der Erfolg der Lernenden. Und dieser Erfolg – die Anschlussfähigkeit an relevante Lebenssituationen – hat kaum etwas mit Schulnoten und Schulfächern zu tun.

Deshalb verstehen sie sich ja nicht als Lehrer. Sondern eben als LernCoaches.

# Quellen


Bandura, Albert: Self-efficacy: the exercise of control. Freeman. New York. 1997

Beck, Erwin/Guldimann, Titus/Zutavern, Michael: Eigenständig lernen. UVK Fachverlag für Wissenschaft und Studium. St. Gallen. 1995

Boenicke, Rose/Gerstner, Hans-Peter/Tschira, Antje: Lernen und Leistung. Vom Sinn und Unsinn heutiger Schulsysteme. Wissenschaftliche Buchgesellschaft. Darmstadt. 2004

Covey, Stephen R.: Die sieben Wege zur Effektivität. Ein Konzept zur Meisterung Ihres beruflichen und privaten Lebens. Campus. Frankfurt/New York. 1998

Csikszentmihalyi, Mihaly: Flow. Das Geheimnis des Glücks. Klett-Cotta. Stuttgart. 1992

Fullan, Michael: Die Schule als lernendes Unternehmen. Konzepte für eine neue Kultur in der Pädagogik. Klett-Cotta. Stuttgart. 1999

Fulghum Robert: All I really need to know I learned in Kindergarten. HarperCollins. London. 1994

Gudjons, Herbert: Da lernt man wenigstens was! Merkmale effektiven Unterrichts. In: Praxis Schule 5-10. Heft 3/2004.

Hameyer, Uwe: Arbeitspapier. 2004

Krüger, Jens: Kranke Schule, kranke Lehrer, kranke Kinder. In: Welt am Sonntag Nr. 35/2004.

Lehtinen, Erno: Institutionelle und motivationale Rahmenbedingungen und Prozesse des Verstehens im Unterricht. In: Reusser, K./Reusser-Weyeneth, M.: Verstehen. Psychologischer Prozess und didaktische Aufgabe. Verlag Hans Huber. Bern. 1997

Luhmann, Niklas: Codierung und Programmierung. Bildung und Selektion im Schulsystem. In: Tenorth, H.E. (Hrsg.): Allgemeine Bildung. Weinheim. 1986

Müller, Andreas: Erfolg! Was sonst? Generierendes Lernen macht anschlussfähig. Oder: Bausteine für LernCoaching und eine neue Lernkultur. hep-Verlag. Bern. 2004

Niederberger, Daniela: Wer ist denn hier der Dumme? In: Weltwoche Nr. 7/05.

Pallasch, Waldemar/Petersen, Ralf: Coaching. Das Kieler Coaching Modell (KCM). Teil 1 Theoretische Grundlegung. Advanced Studies. Kiel. 2004

Reusser, Kurt/Reusser-Weyeneth Marianne: Verstehen. Psychologischer Prozess und didaktische Aufgabe. Verlag Hans Huber. Bern. 1997

Stebler, Rita/Reusser, Kurt/Pauli, Christine: Interaktive Lehr-Lern-Umgebungen: Didaktische Arrangements im Dienste des gründlichen Verstehens. In: Reusser, K./Reusser-Weyeneth, M.: Verstehen. Psychologischer Prozess und didaktische Aufgaben. Verlag Hans Huber. Bern. 1997

Von Foerster, Heinz: Wahrheit ist die Erfindung eines Lügners. Gespräche für Skeptiker. Carl-Auer-Systeme-Verlag. Heidelberg. 1998